essentials

Essentials liefern aktuelles Wissen in konzentrierter Form. Die Essenz dessen, worauf es als „State-of-the-Art" in der gegenwärtigen Fachdiskussion oder in der Praxis ankommt. *Essentials* informieren schnell, unkompliziert und verständlich

- als Einführung in ein aktuelles Thema aus Ihrem Fachgebiet
- als Einstieg in ein für Sie noch unbekanntes Themenfeld
- als Einblick, um zum Thema mitreden zu können

Die Bücher in elektronischer und gedruckter Form bringen das Fachwissen von Springerautor*innen kompakt zur Darstellung. Sie sind besonders für die Nutzung als eBook auf Tablet-PCs, eBook-Readern und Smartphones geeignet. *Essentials* sind Wissensbausteine aus den Wirtschafts-, Sozial- und Geisteswissenschaften, aus Technik und Naturwissenschaften sowie aus Medizin, Psychologie und Gesundheitsberufen. Von renommierten Autor*innen aller
Springer-Verlagsmarken.

Nicolas Fink

Tradition, Moderne und Kommerz im Profifußball

Authentische und zukunftsfähige Fußballclubs. Ein Balanceakt für alle Akteure

Nicolas Fink
Hemsbach, Deutschland

ISSN 2197-6708   ISSN 2197-6716 (electronic)
essentials
ISBN 978-3-658-50097-9   ISBN 978-3-658-50098-6 (eBook)
https://doi.org/10.1007/978-3-658-50098-6

Die Deutsche Nationalbibliothek verzeichnet diese Publikation in der Deutschen Nationalbibliografie; detaillierte bibliografische Daten sind im Internet über https://portal.dnb.de abrufbar.

Planung/Lektorat: Imke Sander
Springer Gabler ist ein Imprint der eingetragenen Gesellschaft Springer Fachmedien Wiesbaden GmbH und ist ein Teil von Springer Nature.
Die Anschrift der Gesellschaft ist: Abraham-Lincoln-Str. 46, 65189 Wiesbaden, Germany

Wenn Sie dieses Produkt entsorgen, geben Sie das Papier bitte zum Recycling.

Vorwort

Fußball ist mehr als ein Spiel. Er ist Ritual und Wirtschaftsgut, lokales Gemeinschaftsgefühl und globales Medienprodukt, Traditionsspeicher und Innovationslabor. Gerade darin liegt seine Faszination – und sein Konfliktpotenzial. Dieses Essential will beides sichtbar machen: die kulturelle Tiefe des Sports und die ökonomisch-technische Logik, die ihn seit den 1990er-Jahren grundlegend verändert hat.

Die folgenden Seiten sind kein Nostalgie-Plädoyer gegen „die Moderne" und keine technokratische Verteidigung ungebremster Kommerzialisierung. Sie sind der Versuch, die relevanten Kräftefelder nüchtern zu vermessen: Tradition und Identität; Modernisierung und Professionalisierung; Innovation als Chance und als Störfaktor; Kommerzialisierung als Notwendigkeit und als Zumutung; dazu die Governance der Verbände – und die Rolle der Fans als Korrektiv und Mitgestalter. Wo möglich, werden die Begriffe präzisiert und voneinander abgegrenzt: Tradition, Identität und Marke sind nicht deckungsgleich, ebenso wenig lassen sich Innovation, Moderne und Kommerz gleichsetzen. Vielmehr wirken sie in unterschiedlichen Funktionen zusammen und müssen im jeweiligen Kontext klar unterschieden werden. Darüber hinaus werden Akzeptanzschwellen benannt und praktikable Leitplanken formuliert.

Die Perspektive ist bewusst mehrdimensional: Fan, Funktionär, Verband – und die Marktlogik, die alle drei Ebenen verbindet. Die Analyse bezieht sich primär auf Deutschland und Europa, nimmt aber Benchmarks wie die Premier League in den Blick, weil der internationale Wettbewerb zentrale Rahmenbedingungen setzt. Methodisch verbinden wir theoretische Konzepte (Kultur, Marke, Governance) mit Systembeobachtung aus Praxis und Debatte.

Worauf es mir ankommt: handfeste Mehrwerte für die Praxis. Deshalb münden die Kapitel nicht in Positionsbekundungen, sondern in anschlussfähige Schlussfolgerungen: Wo entstehen im Fußball Legitimität und Akzeptanz? Wie lässt sich Wettbewerbsfähigkeit von Vereinen sichern, ohne kulturelles Kapital zu verbrennen? Welche Innovationen tragen – und welche reißen Brücken ab? Welche Governance stärkt Vertrauen – und welche beschädigt den Traditionssport Fußball?

Dieses Vorwort ist damit auch eine Einladung an alles Akteure im Fußball: weniger Lagerdenken, mehr gemeinsame Sprache. Denn nur, wer die Spannungen versteht, kann sie gestalten.

Frankfurt, Deutschland   Nicolas Fink
Oktober 2025

Genderhinweis

Aus Gründen der besseren Lesbarkeit wird in diesem Buch auf die gleichzeitige Verwendung männlicher, weiblicher und diverser Sprachformen verzichtet. Sämtliche Personenbezeichnungen gelten daher gleichermaßen für alle Geschlechter. Die gewählte Sprachform dient ausschließlich der Vereinfachung und stellt keine Wertung dar.

Was Sie in diesem essential finden können

- Eine Analyse der zentralen Spannungsfelder des Profifußballs zwischen Tradition, Moderne, Innovation und Kommerzialisierung.
- Eine Darstellung, wie gesellschaftliche Widersprüche im Fußball verdichtet sichtbar werden und als Resonanzraum wirken.
- Eine Aufarbeitung der drei zentralen Konfliktlinien: Authentizität vs. Marktlogik, Governance vs. Kommunikation sowie Globalisierung vs. lokale Verwurzelung.
- Eine Einordnung der Bedingungen für Zukunftsfähigkeit – von Legitimität über Wertebindung bis hin zu Transparenz, Partizipation und Markenführung.
- Eine übergreifende Meta-Perspektive, die den Fußball als lernendes System versteht und zeigt, welche Akteure (Fans, Vereine, Ligen, Verbände) welche Rollen in diesem Prozess übernehmen müssen.

Über den Autor

Nicolas Fink beschäftigt sich seit vielen Jahren mit den Strukturen und Entwicklungen des Profifußballs. In seinen Veröffentlichungen widmet er sich Themen wie Fußballkompetenz, Identität, Kommunikation, Markenführung und Clubentwicklung. Sein Ansatz verbindet wissenschaftliche Grundlagen mit praxisnahen Perspektiven und macht deutlich, wie stark sportliche, ökonomische und kulturelle Faktoren im Fußball ineinandergreifen.

Als Lehrbeauftragter und Autor von Studienbriefen an verschiedenen Hochschulen vermittelt er Inhalte zu Sportjournalismus, Sportmanagement und Fußballsystemen. Seine Arbeitsschwerpunkte liegen auf Fragen von Identität, Werten, Kommunikation und Philosophie im Fußball sowie auf der Rolle von Spielern, Trainern, Management und Fans im Gesamtsystem Profifußball.

Mit diesem Essential setzt er seine Auseinandersetzung mit dem modernen Profifußball fort. Im Mittelpunkt steht die Frage, wie sich Tradition, Moderne, Innovation und Kommerzialisierung gegenseitig durchdringen, welche Spannungen daraus entstehen und welche Perspektiven sich für die Zukunft des Spiels eröffnen.

Inhaltsverzeichnis

Einleitung: Worum es im Fußball wirklich geht – Tradition, Moderne und Kommerz im Streit

Seit gut drei Jahrzehnten hat sich der Profifußball vom nationalen Wettkampf zum globalen Medien- und Unterhaltungssektor entwickelt. Mit dieser Transformation wachsen Wohlstand und Reichweite – aber auch Reibung. Auf der einen Seite stehen Tradition, Identität und die besondere Atmosphäre des Stadions, das für Millionen Menschen zu einem kulturellen Zuhause geworden ist. Auf der anderen Seite stehen Modernisierung, Innovation und Kommerzialisierung als Zutaten, ohne die sportliche und wirtschaftliche Wettbewerbsfähigkeit heute kaum haltbar ist.

Die Konfliktlinien sind bekannt – und doch oft unscharf: Moderne wird zum Sammelbegriff für alles Neue, Innovation zur Projektionsfläche für Technik-Skepsis, Kommerzialisierung zum Synonym für den „Verkauf der Seele". Gleichzeitig verschwimmen die Rollen: Verbände regulieren und vermarkten zugleich. Clubs sind Sportvereine und Unternehmen. Fans sind Identitätsträger und, wenn nötig, wirkmächtiges Korrektiv – sichtbar beim Stopp der Super League oder der DFL-Investorenpläne.

Diese Einleitung setzt deshalb drei Orientierungspunkte:

- Begriffe ordnen: Tradition (als Logik der Überlieferung), Identität (als club-individuelle Ausprägung von Werten, Symbolen, Erzählungen), Marke (als Übersetzung in konsistente Wahrnehmung), Moderne (als Professionalisierung und Eventisierung), Innovation (als konkrete Neuerung) und Kommerzialisierung (als ökonomische Rahmung) greifen ineinander – sind aber nicht dasselbe. Wer sie verwechselt, verhandelt aneinander vorbei.
- Akzeptanzschwellen benennen: Nicht „das Neue" wird abgelehnt, sondern das Nicht-Eingebettete: Innovation ohne Sinn für Ritual und Atmosphäre; Kommerz

N. Fink, *Tradition, Moderne und Kommerz im Profifußball*, essentials, https://doi.org/10.1007/978-3-658-50098-6_1

ohne Wertebindung und Teilhabe; Governance ohne Legitimität und Transparenz. Umgekehrt steigt Akzeptanz, wenn Neuerungen erkennbar dem Spiel, den Spielern, den Fans oder der Gesellschaft nutzen – und kommuniziert sowie konsistent und partizipativ umgesetzt werden.

- Wettbewerb realistisch einordnen: Internationaler Druck entsteht nicht aus Abstraktion, sondern aus konkreten Benchmarks (Medienerlöse, Investitionslogiken, globale Marken). Wer bestehen will, braucht professionelle Strukturen – ohne die kulturelle Besonderheit aufzugeben, die europäische Fußballkulturen stark macht (Mitgliederkultur, 50+1, lokale Verankerung).

Vor diesem Hintergrund entfaltet dieses essential das Kernspannungsfeld: Es beginnt mit der Tradition als Fundament von Identität, führt über Modernisierung und Innovation zu Kommerzialisierung als ökonomische Rahmung – und mündet in ein Fazit mit praxisnahen Leitplanken. Ziel ist nicht der endgültige Schiedsspruch, sondern ein „State of the Art", der Perspektiven öffnet und Lösungen ermöglicht.

Fußball im Spannungsfeld von Tradition, Moderne, Innovation und Kommerzialisierung

2

Der Profifußball ist kein linearer Fortschrittsprozess, sondern ein permanenter Aushandlungsraum. Tradition stiftet kulturelle Tiefe und Wiedererkennbarkeit; Moderne treibt Professionalisierung, Eventisierung und globale Vernetzung; Innovation bringt konkrete Neuerungen hervor – technologisch, organisatorisch, institutionell; Kommerzialisierung schafft den finanziellen Rahmen, der vieles ermöglicht, manches aber auch überformt. Diese Kräfte wirken nicht nacheinander, sondern gleichzeitig – oft komplementär, oft im Widerspruch.

Wer den Fußball gestalten will, muss daher zweierlei leisten: die kulturelle Grammatik des Spiels verstehen und die Logik von Märkten und Medien. In den folgenden Unterkapiteln wird dieses Spannungsfeld systematisch entfaltet anhand von Tradition und Identität. Hier klären wir, was Tradition im engeren Sinn ist, wie sie Identität prägt und wo sie zur Marke wird – und damit zur Ressource, aber auch zur Projektionsfläche im Konflikt zwischen Nähe und Marktlogik.

2.1 Tradition – Identität oder Marketing?

Tradition ist im Fußball nicht nur eine emotionale Rückschau auf vergangene Zeiten, sondern ein über- geordnetes kulturelles Prinzip. Sie bezeichnet die Weitergabe und Überlieferung von Wissen, Normen, Regeln und Praktiken innerhalb einer Gemeinschaft und bildet damit das Fundament, auf dem Kontinuität über den Wandel der Geschichte hinweg gesichert wird (Gukenbiehl 1992). Aus anthropologischer Sicht wird Tradition durch die Fähigkeit zur Sprache, Schrift und symbolischen Kommunikation ermöglicht; sie lebt in Ritualen, Bräuchen, Liedern, Symbolen und Erzählungen fort und schafft so ein kulturelles Gedächtnis, das Identität

© Der/die Autor(en), exklusiv lizenziert an Springer Fachmedien Wiesbaden GmbH, ein Teil von Springer Nature 2025
N. Fink, *Tradition, Moderne und Kommerz im Profifußball*, essentials,
https://doi.org/10.1007/978-3-658-50098-6_2

erst möglich macht (Klinkhammer 2000). Tradition im Fußball ist also die allgemeine Anschauung von Weitergabe und Verankerung, die unabhängig vom einzelnen Club gilt und nicht nur das Spiel, sondern das Fußballsystem als Ganzes prägt (Fink 2026c).

Die oft genannten Elemente wie Vereinsfarben, Wappen, Stadien oder Mythen sind im engeren Sinn nicht Tradition selbst, sondern Ausdruck der Identität eines Vereins, die sich aus allgemeinen Traditionselementen speist. So knüpft der 1. FC Kaiserslautern mit dem „Betzenberg-Mythos" an kollektive Muster der Traditionsbildung an (Gans und Horn 2023), Schalke 04 verdichtet Arbeiterkultur und regionale Verwurzelung zur spezifischen Vereinsidentität (Brands und Kochanek 2014), und der FC Bayern München verbindet sportlichen Erfolg, Werte wie „Mia san mia" und globale Markenpräsenz mit regionalem Selbstbewusstsein (Welt 2020). Deutlich wird: Tradition ist die allgemeine Logik der Überlieferung, Identität ihre clubindividuelle Konkretisierung.

Bei vielen Clubs ist Tradition ein fester Bestandteil ihrer Identität. Identität beschreibt das übergeordnete Selbstverständnis eines Vereins, das sich aus stabilen und dynamischen Elementen zusammensetzt und ihn unverwechselbar macht (Abels 2019; Liebsch 2022). Tradition fungiert dabei häufig als Fundament, das durch Vereinsgeschichte, Rituale oder symbolische Elemente verankert ist, während Identität darüber hinausgeht und auch aktuelle Werte, strategische Ausrichtungen und soziale Bezüge integriert. In der Theorie wird zwischen einer stabilen Idem-Identität – geprägt durch Kontinuität und Wiedererkennung etwa über Farben, Stadien oder historische Bezugspunkte – und einer dynamischen Ipse-Identität unterschieden (Ricoeur 1996; Weiland 2019), die Wandlungsfähigkeit, Anpassung und Entwicklung umfasst. Gerade das Zusammenspiel von tradierten und wandelbaren Komponenten sichert Vereinen langfristige Wiedererkennbarkeit und macht ihre Identität zu einem lebendigen, aber zugleich stabilen Bezugspunkt (Fink 2026c).

Werte bilden in diesem Zusammenhang das zentrale Bindeglied. Sie übersetzen Tradition in moralische und handlungsleitende Prinzipien und wirken als Steuerungsrahmen für Entscheidungen. Dabei sind sie keine starren Konstanten, sondern können bewusst weiterentwickelt oder neu gewichtet werden – sei es durch gesellschaftlichen Wandel, wirtschaftliche Anforderungen oder sportliche Neuausrichtungen. (Fink 2026g)

Die Verbindung von Identität und Werten schafft Orientierung nach innen und Vertrauen nach außen. Vereine, die ihre Werte konsequent leben, gewinnen an Stabilität und Krisenresistenz. Freiburg steht für Kontinuität durch Bodenständigkeit und Nachwuchsförderung (BDFL o. J.; Sport-Club Freiburg e. V. 2022), St. Pauli für eine klare gesellschaftspolitische Haltung und symbolische Strahlkraft über den Fußball hinaus (Breaking The Lines 2021; Bundesliga.com 2024). Beide zeigen: Identität ohne Werte bleibt leer, Werte ohne Identität verlieren ihre Verankerung.

Die praktische Bedeutung dieser Verbindung zeigt sich darin, dass Identität und Werte nicht nur nach innen Orientierung bieten, sondern auch nach außen Vertrauen und Loyalität erzeugen.

Gleichzeitig hat sich in den vergangenen Jahrzehnten eine neue Ebene in den Diskurs eingeschoben: die der Marke. Während Tradition, Identität und Werte historisch gewachsene Grundlagen bilden, werden sie im Profifußball zunehmend zur Basis von Markenbildung. Erst durch ihre Übersetzung in Symbole, Narrative und Ausdrucksformen entsteht eine konsistente Markenidentität, die Differenzierung ermöglicht und Vereine unverwechselbar macht (Fink 2026e).

Marketing ist in diesem Verständnis kein Selbstzweck, sondern folgt aus der Markenlogik: Es operationalisiert die identitätsstiftenden Elemente in Kommunikation, Inszenierungen und ökonomische Wertschöpfung (Burmann und Blinda 2004).

Clubs nutzen gezielt ihre Geschichte und Symbolik: Historische Bezüge werden in Retro-Trikots oder Jubiläumskampagnen aufgegriffen, Vereinsikonen als identitätsstiftende Figuren inszeniert, Slogans zu anschlussfähigen Erzählungen verdichtet. Die Wirksamkeit solcher Strategien hängt jedoch von ihrer Glaubwürdigkeit ab. Forschung und Praxis zeigen, dass Authentizität nur dann entsteht, wenn die Markenidentität im Sinne von Brand Delivery auch tatsächlich gelebt wird – also wenn Stadionarchitektur, Spielerauftritte, Kommunikation und Merchandise im Einklang mit den postulierten Werten stehen (Burmann et al. 2013).

Tradition und Werte verschwinden im Marketingdiskurs nicht, sondern werden zu zentralen Bezugs- punkten der Markenidentität. Kampagnen, Sponsoring oder Merchandising nutzen sie als Grundlage ökonomischer Erträge. Für Fans stehen sie für Authentizität und Verwurzelung, für Clubs zugleich für strategisches Kapital. Damit sind Tradition und Identität längst auch ökonomisch verwertbare Ressourcen: Fans verbinden mit ihnen Nähe, Funktionäre nutzen sie zunehmend als Instrument der Markenführung. So wird etwa die 50+1-Regel, die besagt, dass der Verein mindestens 50 % plus eine Stimme behalten muss, um die Stimmenmehrheit zu sichern und so die Kontrolle zu behalten (Bundesliga.com o. J.), von Anhängern als Ausdruck von Vereinsidentität verteidigt, von Clubführungen aber strategisch kommuniziert – oft parallel zu Investorenverhandlungen. Das Spannungsfeld zwischen gelebter Verwurzelung und strategischer Instrumentalisierung prägt jede Debatte: Tradition ist nicht nur Erbe, sondern ein Deutungskampf, dessen Glaubwürdigkeit über ihre Wirkung nach innen wie nach außen entscheidet.

2.1.1 Fanperspektive: Geschichte, Werte, Authentizität

Für Fans ist Tradition weit mehr als eine abstrakte Kategorie – sie ist gelebte Erfahrung, emotionale Bindung und alltägliche Praxis. In der Wahrnehmung der Anhänger bildet Tradition die Grundlage ihrer Identifikation mit dem Verein (Winter 2017). Sie findet Ausdruck in Symbolen wie Vereinsfarben, Liedern oder Fahnen, in Ritualen des Stadionbesuchs und in der Weitergabe von Geschichten über legendäre Spieler oder historische Spiele an die nächste Generation (Fink 2026a). Diese kulturelle Kontinuität stiftet Sicherheit und Zugehörigkeit in einem Umfeld, das durch sportliche und ökonomische Veränderungen oft von Instabilität geprägt ist (Fink 2026b).

Aus der Sicht vieler Fans ist es gerade die Geschichte des Vereins, die ihn unverwechselbar macht. Die Erzählungen von Erfolgen und Niederlagen, von Aufstiegen und Abstiegen, von lokalen Rivalitäten oder besonderen Stadionmomenten sind zu einem kollektiven Gedächtnis geworden, das als emotionaler Anker dient. Dieses Geschichtsbewusstsein geht häufig über bloße Fakten hinaus und wird zu einem Wert an sich: Fans verstehen sich als Hüter dieser Erinnerungen und als Bewahrer einer Vereinsidentität, die nicht beliebig veränderbar sein darf (Fink 2026a; Fritz 2019).

Zugleich verbinden Fans mit Tradition klare Wertevorstellungen: Authentizität, Ehrlichkeit, Bodenständigkeit oder Gemeinschaftsgeist gelten als Leitlinien, an denen sie das Handeln des Vereins messen (Bednarsky et al. 2017). Sobald diese Werte verletzt werden – etwa durch als „seelenlos" empfundene Stadionnamen, Investorenprojekte ohne Rücksicht auf Mitgliederinteressen oder eine übermäßige Kommerzialisierung – reagieren Fans mit Widerstand (Duttler 2014). Ihre Kompetenz zeigt sich hier nicht nur im Wissen über Fußballhistorie, sondern auch in der Fähigkeit, Entwicklungen kritisch zu reflektieren und aus einer Werteperspektive zu bewerten (Fink 2025c).

Tradition ist für Fans deshalb auch immer eine Frage der Authentizität. Ein Verein, der seine eigene Geschichte leugnet oder sie nur noch als Marketingelement nutzt, verliert in den Augen der Anhänger an Glaubwürdigkeit. Authentizität entsteht aus Kontinuität: aus der Treue zu Symbolen und Ritualen, aus dem ehrlichen Umgang mit Erfolgen und Niederlagen, aus der Nähe zwischen Verein und Anhängerschaft (Bluhm o. J.; Fink 2026a). In diesem Sinne gilt: „Tradition verpflichtet". Sie ist nicht nur Erinnerung, sondern Erwartungshorizont – ein Maßstab, an dem sich das heutige Handeln der Vereinsführung messen lassen muss.

Besonders deutlich wird dieser Zusammenhang, wenn man den Blick auf die emotionalen und sinnlichen Dimensionen richtet. Raymond Williams' Konzept der

„Structures of feeling" beschreibt (Pickering 1997), dass Traditionen nicht nur rational erinnert, sondern vor allem emotional und körperlich erfahren werden. Für Fans manifestiert sich Tradition in einer gemeinsamen „Gefühlsstruktur": in der Geräuschkulisse der Kurve, im Geruch von Bier und Bratwurst, im Ritual gemeinsamer Gesänge oder in der Erinnerung an das erste Betreten eines Stadions (Piskurek 2024). Diese Atmosphären erzeugen ein „felt sense" von Zugehörigkeit, das stärker wirkt als jedes bloße Wissen um Statistiken oder Vereinschroniken.

Gleichzeitig sehen viele Fans, dass sportliche Wettbewerbsfähigkeit ohne eine gewisse ökonomische Stabilität nicht gesichert werden kann (Faix et al. 2020). Neue Traditionen entstehen schließlich nicht im Vakuum, sondern durch sportliche Erfolge und das gemeinsame Erleben prägender Momente. Entscheidend bleibt für sie daher nicht, ob ein Club ökonomische Instrumente oder moderne Methoden wie Datenanalyse nutzt, sondern ob dies glaubwürdig und wertekonform geschieht. Für Fans liegt die Herausforderung darin, dass ein Verein ökonomische Notwendigkeiten erfüllt und Innovationen integriert, ohne seine historischen Wurzeln und seine Authentizität preiszugeben.

Die besondere Rolle der Fans im System Profifußball liegt damit darin, dass sie als Identitätsträger und Sinnstifter wirken. Sie verleihen der Tradition einen konkreten Ausdruck, indem sie sie in Choreografien, Gesängen, Symbolen oder in ihrem Habitus im Stadion lebendig halten. Dabei sind sie nicht passiv, sondern aktive Produzenten von Identität und Kultur. Ihre Fankompetenz besteht darin, Traditionen fortzuführen, kritisch über ihre Bewahrung zu wachen und sie zugleich immer wieder kreativ zu aktualisieren. Damit stellen Fans eine wesentliche Ressource im Spannungsfeld zwischen Tradition, Identität und Moderne dar.

2.1.2 Funktionärsperspektive: Differenzierungsmerkmal, Markenkern

Für Vereinsführungen und Funktionäre ist es eine Ehre, die Geschicke eines Traditionsclubs zu leiten. Zugleich verstehen sie Tradition als strategische Ressource, die im Wettbewerb um Aufmerksamkeit, Sponsoren und Märkte gezielt eingesetzt werden kann. Während Fans Tradition primär als Ausdruck von Authentizität und moralischer Verpflichtung sehen, rückt sie in der Managementlogik in den Rang eines Differenzierungsmerkmals. In einem Umfeld, in dem sportliche Ergebnisse volatil und kaum planbar sind, bietet Markenbildung Stabilität, die über einzelne Spiele oder Saisons hinausreicht (Fink 2026e). Tradition wird so zum Markenkern, der Profilbildung, Glaubwürdigkeit und langfristige Bindung ermöglicht.

Der Grund für diese Orientierung liegt in der besonderen Struktur des Profifußballs: Vereine konkurrieren nicht nur sportlich, sondern auch um ökonomische Handlungsfähigkeit. Da sportlicher Erfolg in Form von Siegen und Titeln nicht planbar ist, benötigen Clubs eine starke Marke, die ihre Wahrnehmung unabhängig vom Tabellenplatz stabilisiert und damit eine gewisse Entkopplung vom sportlichen Abschneiden ermöglicht (Diegel et al. 2019). Tradition liefert hierfür die narrative Tiefe, die einer Marke Authentizität und historische Glaubwürdigkeit verleiht. Ohne diese Einbettung bliebe Markenkommunikation austauschbar. Markenbildung schafft somit eine dauerhafte Identität, die über sportliche Schwankungen hinaus Bestand hat und den Verein für Partner, Investoren und Fans berechenbar macht.

Zentral ist die Fähigkeit, Markenidentität und Markenimage miteinander zu verbinden. Die Markenidentität speist sich aus Geschichte und Werten eines Vereins; sie wird in Symbolen, Slogans, Ritualen und im Selbstverständnis verankert, während das Markenimage die öffentliche Wahrnehmung beschreibt. Die Aufgabe der Vereinsführung besteht darin, beide Ebenen in Einklang zu halten. Tradition ist dabei ein besonders wirksames Instrument, da sie narrative Tiefe und emotionale Anschlussfähigkeit bietet, die kein kurzfristiges Marketing ersetzen kann (Fink 2026e, 2026d). Praxisbeispiele verdeutlichen dies: Borussia Dortmund nutzt mit „Echte Liebe" ein Versprechen, das Fanemotion und internationale Vermarktung verbindet, während der Hamburger SV seine Raute als unverwechselbares Symbol etabliert hat, das weit über sportliche Erfolge hinaus Identität und Markenstärke sichert. Diese Beispiele zeigen, dass Tradition von Funktionären nicht nur als kulturelles Erbe verstanden wird, sondern auch als strategische Ressource, die Vereine im Wettbewerb positioniert.

Wesentlich bleibt die Frage der Markenumsetzung bzw. Brand Delivery: Ein Markenversprechen, das sich auf Tradition beruft, wirkt nur dann, wenn es konsequent eingelöst wird – in Stadionarchitektur, Mannschaftsauftritt, Kommunikation und Merchandising. Bleiben solche Umsetzungen zurück, leidet die Authentizität, was Vertrauen und Bindungskraft schwächt (Burmann et al. 2013). Viele Vereine verankern Tradition daher bewusst in Leitbildern, Missionen und Visionen, um Zukunftsorientierung an ein stabiles Fundament rückzukoppeln (Tham 2008). Tradition wird damit zu einem Steuerungselement, das Wandel absichert, ohne die historische Verankerung aufzugeben. Aus funktionärer Sicht ist sie somit nicht bloß Erinnerung, sondern ein strategischer Baustein für Markenführung und ökonomische Stabilität. Glaubwürdigkeit entsteht allerdings nur, wenn Tradition nicht rein instrumentell genutzt, sondern als kulturelles Fundament ernst genommen und zugleich in moderne Strategien integriert wird. In dieser Balance liegt die Chance:

Marken sichern die ökonomische Basis, Tradition verleiht ihnen Authentizität und emotionale Tiefe.

2.1.3 Konflikte und Ausblick: Kann Tradition bewahrt werden, ohne sie zu instrumentalisieren?

Die Gegenüberstellung von Fan- und Funktionärsperspektive verdeutlicht ein Spannungsfeld, das Clubs permanent aushandeln müssen: Für Fans steht Tradition für gelebte Authentizität, moralische Verpflichtung und die Weitergabe gemeinsamer Geschichte. Sie knüpfen sie an Werte, die Orientierung bieten und als Maßstab für das Handeln eines Vereins dienen. Entsprechend beurteilen Fans auch Managemententscheidungen – etwa in Markenführung, Transferstrategien oder der langfristigen Ausrichtung – danach, ob sie im Einklang mit Tradition stehen oder als Bruch mit gewachsenen Prinzipien empfunden werden. Funktionäre sehen Tradition zwar ebenfalls als Differenzierungsmerkmal im Wettbewerb um Sponsoren, Reichweite und Märkte, doch geraten sie in die Kritik, wenn sie nicht persönlich mit Verein und Tradition verbunden erscheinen. Entscheidend ist für viele Anhänger, ob die handelnden Personen als „einer von uns" gelten – oder ob Tradition nur noch als strategisches Instrument wahrgenommen wird. Der Konflikt entsteht damit immer dann, wenn der unterschiedlich verstandene Begriff der „Tradition" in den Augen der Fans nicht mehr substanziell gelebt, sondern ökonomischen Logiken untergeordnet wird.

Handlungskonkret zeigt sich dies an Beispielen wie Namensrechten für Stadien, Retro-Trikots oder Jubiläumskampagnen. Werden diese ausschließlich als zusätzliche Einnahmequelle wahrgenommen, empfinden Fans sie als Instrumentalisierung (Bednarsky et al. 2017). Werden sie dagegen in glaubwürdige Markenstrategien eingebettet – etwa mit Beteiligung der Fans, transparenter Kommunikation und erkennbarer Rückbindung an die Vereinswerte – können sie Tradition und Marke miteinander verzahnen. So wie bei der Trikotaktion des FC Schalke 04, bei der Fans mit ihrem Foto auf den Rückennummern vertreten waren, lässt sich ökonomisches Interesse mit Identifikation verbinden (WAZ 2014). In diesem Fall widersprechen sich beide Dimensionen nicht, sondern verstärken sich gegenseitig: Die Marke stützt die ökonomische Handlungsfähigkeit, während die Tradition Authentizität und Tiefe verleiht.

Eine zentrale Rolle spielen in diesem Zusammenhang die Werte, die Tradition nicht nur stützen, sondern zugleich als handlungsleitende Prinzipien wirken (Unkrig 2023). Werte wie Bodenständigkeit, Gemeinschaft oder Integrität geben vor, wie ein Verein geführt wird, und wirken damit direkt in das Management hinein.

Werden diese Werte missachtet oder neu gewichtet, empfinden Fans dies schnell als Bruch mit der Tradition. Neue Managementansätze – etwa ein bewusstes Umschwenken der Transferstrategie vom Ausbildungsverein (Talent Development) hin zu einem „Starspielerclub" (Elite Recruitment) – werden daher nicht nur als ökonomische Entscheidungen gelesen, sondern zugleich als Wertverschiebung interpretiert (Fink 2026f). Für viele Anhänger wird dies zum Symbol einer Abkehr von tradierten Identitäten und Prinzipien.

Ein weiteres Konfliktfeld liegt in der Frage, ob moderne Entwicklungen Tradition zwangsläufig gefährden oder sie auch stützen können. Technologien wie Datenanalyse, Scouting-Software oder digitale Geschäftsmodelle müssen nicht im Widerspruch zu tradierten Werten stehen. Sie können die Ausbildung gezielt stärken und so dazu beitragen, dass mehr Eigengewächse den Weg in den Profibereich finden – sportliche Wettbewerbsfähigkeit wird damit zur Grundlage neuer Traditionen. Entscheidend ist, wie solche Veränderungen eingeführt und vermittelt werden: Werden sie als Bruch wahrgenommen, stoßen sie auf Ablehnung; werden sie hingegen an zentrale Werte rückgebunden, können sie Akzeptanz gewinnen.

Die ökonomische Realität zeigt, dass Kommerzialisierung im Profifußball keine Option, sondern eine systemische Notwendigkeit ist (Fink 2025a). Sie ist nicht per se negativ, sondern kann – richtig eingebettet – die Grundlage schaffen, um Tradition und Werte langfristig zu sichern. Während Tradition kulturelle Identität und emotionale Bindung stiftet, liefert Kommerzialisierung die ökonomische Basis. Vereine, die wirtschaftlich nicht Schritt hielten, verdeutlichen die Risiken: Nostalgie allein schützt nicht vor Abstieg oder Insolvenz. Umgekehrt reicht ökonomischer Erfolg ohne gelebte Werte nicht aus, um Loyalität zu sichern. Professionelle Markenführung und wertebasiertes Management werden damit zu Schlüsselinstrumenten, Tradition zu bewahren und zugleich sportliche wie wirtschaftliche Stabilität zu gewährleisten.

Entscheidend ist, wie Vereine dieses Spannungsfeld gestalten. Tradition darf nicht zum bloßen Verkaufsargument verkommen, sondern muss als lebendiges Erbe erkennbar bleiben. Gleichzeitig erfordert Wettbewerbsfähigkeit eine strategische Nutzung von Tradition als Ressource. Glaubwürdigkeit entsteht dort, wo Authentizität und Professionalität zusammenfallen – wenn Retro-Trikots nicht nur Merchandise, sondern Erinnerungskultur sind, Sponsoringpartnerschaften Wertebezüge stützen und moderne Datenanalysen als Fortsetzung sportlicher Exzellenz verstanden werden. Tradition kann so auch im Rahmen markenstrategischer Konzepte bewahrt werden – vorausgesetzt, sie wird substanziell gelebt, über Werte abgesichert und durch ökonomische Stabilität gestützt. Sie bleibt damit nicht nur Erbe, sondern eine Ressource, die Zukunftsfähigkeit ermöglicht.

2.2 Modernisierung – Professionalisierung oder Entfremdung?

Der Begriff der „Moderne" im Fußball beschreibt nicht nur die Gegenwart, sondern eine tiefgreifende Veränderung der Spiel- und Vereinslogik im Kontext gesellschaftlicher, ökonomischer und technologischer Entwicklungen. Während Tradition und Identität auf Kontinuität, kulturelle Verankerung und historische Bindungen verweisen, bezeichnet Moderne jene Dynamiken, die auf Rationalisierung, Effizienzsteigerung und Ausweitung von Wettbewerbs- und Erlebnisformen abzielen. Moderne ist damit weniger ein zeitlicher Marker als vielmehr Ausdruck einer strukturellen Professionalisierung (Heinilä 1973) – zugleich aber auch eine Quelle von Spannungen.

Die Professionalisierung umfasst zahlreiche Dimensionen (Friedrich et al. 2023): verbesserte Managementstrukturen, sportwissenschaftliche Methoden, medizinische Betreuung, Datenanalyse sowie die stetige Optimierung von Trainings- und Wettkampfprozessen. Hinzu kommt die internationale Vernetzung von Spielermärkten und Wettbewerben, die Clubs aus ihrer regionalen Verwurzelung heraushebt und in globale Systeme einbindet. Vereine verstehen sich längst nicht mehr nur als sportliche Gemeinschaften, sondern als multifunktionale Organisationen, die wie Wirtschaftsunternehmen geführt werden müssen.

Zentrale Ausdrucksformen der Modernisierung sind Eventisierung und Wettbewerbserweiterung. Der Fußball wird zunehmend als ganzheitliches Erlebnis inszeniert; die NFL gilt dabei als zentraler Referenzpunkt für eine Inszenierung (Baade und Matheson 2012), die weit über das Spiel hinausgeht. Diese Logik wird auch versucht im europäischen Fußball zu adaptieren: Finalspiele erhalten Entertainment-Elemente, Stadien werden zu Erlebnisarenen, Spieltage zu globalen Medienereignissen. Parallel verdichtet sich der internationale Kalender durch Reformen wie die Aufstockung der Champions League, die Einführung der Nations League oder die geplante FIFA-Klub-WM.

Damit geraten Moderne und Tradition in ein strukturelles Spannungsverhältnis. Während Tradition für kulturelle Kontinuität und kollektives Gedächtnis steht (Dimbath et al. 2023), bringt Modernisierung eine Tendenz zu Beschleunigung, Fragmentierung und Ökonomisierung mit sich. In der Eventisierung droht Authentizität in eine ästhetisierte Inszenierung überzugehen, in der Rituale und Symbole in ökonomische Logiken übersetzt werden. Zugleich schafft Moderne aber auch Stabilität und Wettbewerbsfähigkeit – und damit die Grundlage für neue erinnerungswürdige Momente.

Ein prägnantes Beispiel für diese Balancefrage ist die deutsche 50+1-Regel (DFL 2018). Sie gilt als Schutz einer gewachsenen Mitglieder- und Fankultur, steht jedoch im Spannungsfeld internationaler Konkurrenz. Befürworter argumentieren, dass ohne kapitalintensivere Strukturen der Anschluss an Li- gen wie die Premier League verloren geht, in der fast alle Clubs Investoren gehören und dadurch enorme Finanzmittel verfügbar sind. Dort ist Profitabilität oft zweitrangig gegenüber globaler Markenwirkung und sportlichem Erfolg. Die Herausforderung für den deutschen Fußball besteht darin, Identität und Mitgliederstrukturen zu bewahren, ohne die Anpassung an globale Marktbedingungen zu verpassen.

Die Moderne im Fußball bleibt damit ambivalent: Sie steht einerseits für Professionalisierung, ökonomische Stabilität und globale Reichweite, andererseits für das Risiko von Entfremdung, wenn Authentizität und lokale Identität in den Hintergrund treten. Ob sie als Fortschritt oder als Verlust wahrgenommen wird, entscheidet sich im Spannungsfeld von ökonomischen Notwendigkeiten und kultureller Bindung.

2.2.1 Fanperspektive: Moderne als Synonym für Verlust

Für viele Fans ist die Moderne im Fußball weniger ein Fortschritt, sondern ein Synonym für Verlust. Das beginnt schon mit der Unschärfe des Begriffs: Was ist „modern"? Gilt ein neues Stadion als zeitgemäße Notwendigkeit oder als Bruch mit der Vereinsgeschichte? Ist die Ausweitung von Wettbewerben sportliche Weiterentwicklung oder Überlastung eines Systems, das längst an seine Grenzen stößt? Moderne wird in der Fansicht nicht als klare Entwicklung verstanden, sondern als ambivalente Kategorie, die immer wieder Unsicherheit erzeugt.

Im Kern fürchten Fans, dass die Moderne den Kern der Fußballkultur überlagert: Nähe, Authentizität und kollektive Erfahrung. Gerade in einer Gesellschaft, die von Individualisierung und stetigem Wandel geprägt ist, erscheint die Fan-Community als stabiler Ankerpunkt. Während klassische Institutionen wie die Kirchen an Bindungskraft verlieren – die Zahl katholischer Gottesdienstbesucher in Deutschland sank zwischen 1950 und 2019 von 11,69 auf 2,07 Mio. (DBK 2021), auch die evangelische Kirche verzeichnet deutliche Verluste (EKD 2021) – bleibt der Fußball für Millionen eine Konstante. Stadionbesuche, gemeinsame Gesänge oder Erzählungen über legendäre Spiele erfüllen eine Funktion, die früher religiösen Gemeinschaften vorbehalten war: Rituale, Zugehörigkeit und Sinnstiftung. Nicht zufällig wird die Fankultur oft als eine Art „Ersatzreligion" beschrieben.

Genau deshalb reagieren Anhänger besonders sensibel, wenn Modernisierungsschritte diesen Charakter bedrohen. Sie empfinden es als Angriff auf ihr

„emotionales Zuhause", wenn Vereinsrituale wie Gesänge oder Symbole zu reinen Marketinginstrumenten werden. Auch die Eventisierung wird kritisch gesehen: Was im US-Sport als Erfolgsmodell gilt, erscheint vielen Fans im europäischen Fußball als Verlust der Authentizität. Spiele, die mit Entertainment-Elementen, Hospitality und Show-Einlagen überlagert werden, lassen den sportlichen Kern in den Hintergrund treten und verdrängen das gemeinschaftliche Erlebnis auf der Tribüne.

Ein weiteres Konfliktfeld ist die Erweiterung der Wettbewerbe. Die Reform der Champions League, die Einführung der Nations League oder die geplante Klub-WM mit deutlich mehr Spielen werden von Fans nicht als Fortschritt verstanden, sondern als „Wettbewerbsinflation" (Renz 2020). Je mehr Partien stattfinden, desto stärker droht die Verwässerung der sportlichen Bedeutung, während gleichzeitig Spielerüberlastung und Publikumsübersättigung wachsen. Am deutlichsten zeigte sich diese Ablehnung im Fall der Super League 2021: Das Projekt wurde trotz seiner ökonomischen Logik als Inbegriff von Entfremdung wahrgenommen und brach nach massiven Fanprotesten innerhalb weniger Tage zusammen (Erberich 2021).

Ein zentraler Bezugspunkt der Fanperspektive ist die 50+1-Regel. Für viele Anhänger symbolisiert sie die letzte Bastion gegen eine vollständige Ökonomisierung und den Verlust des Grundgedankens, dass Vereine für die Gemeinschaft und nicht für einzelne Eigentümer existieren. Während Funktionäre sie häufig als Investitionshemmnis betrachten, gilt sie Fans als Garant für Mitbestimmung und Identität. In ihren Augen markiert 50+1 die entscheidende Schwelle: ob der Fußball weiterhin in der Tradition der Mitglieder- und Vereinskultur verankert bleibt oder endgültig den Investorenmodellen überlassen wird (Bundesliga.com o. J.; DFL 2018).

Insgesamt verstehen sich Fans im Kontext der Modernisierung als Hüter von Identität und Authentizität (Fink 2026b). Sie lehnen Neuerungen nicht grundsätzlich ab – zugleich ziehen Fans jedoch klare Grenzen: Moderne darf nicht in Widerspruch zu den gewachsenen Werten und Ritualen treten, die den Fußball zu einem kulturellen Anker machen (Fink 2026a). Damit bleibt ihre Haltung ambivalent. Einerseits erkennen sie an, dass Modernisierung notwendig ist, um die Wettbewerbsfähigkeit des Vereins zu sichern. Andererseits empfinden sie viele Entwicklungen als schleichende Entfremdung: Stadien ohne Seele, Wettbewerbe ohne Spannung, Clubs ohne Mitgliederbindung. Ob Moderne im Fußball akzeptiert wird, hängt für Fans letztlich davon ab, ob sie glaubwürdig, wertegebunden und authentisch umgesetzt wird – oder ob sie die Funktion des Fußballs als kulturelles Zuhause und Ersatzreligion untergräbt.

2.2.2 Funktionärsperspektive: Professionalisierung und Wettbewerbsfähigkeit

Aus Sicht der Funktionäre ist die Moderne im Fußball kein Bedrohungsszenario, sondern eine strategische Notwendigkeit. Während Fans vor allem Authentizität und Nähe in Gefahr sehen, betrachten Vereinsführungen Modernisierung als Voraussetzung, um sportlich und ökonomisch bestehen zu können. Fußballclubs sind längst keine reinen Sportvereine mehr, sondern agieren als komplexe Organisationen, die Management, Sportwissenschaft, Medizin, Datenanalyse und Governance miteinander verknüpfen (Teichmann 2007). In einem Umfeld, in dem sportlicher Erfolg nicht planbar ist, gilt Professionalisierung als Mittel, Kontinuität und Wettbewerbsfähigkeit zu sichern.

Zugleich stehen Funktionäre unter dem Druck nationaler und internationaler Vergleiche. Vor allem die Premier League, in der nahezu alle Clubs mehrheitlich Investoren gehören (Sportschau 2023), dient als Benchmark für Kapitalstärke, Reichweite und Markenmacht. Strukturen wie die deutsche 50+1-Regel erscheinen in diesem Kontext ambivalent: Sie sichern zwar Mitgliederkultur und Identität, schränken jedoch gleichzeitig die Kapitalbeschaffung und Expansion ein. Modernisierung wird aus Sicht vieler Funktionäre deshalb als Balanceakt verstanden – zwischen der Bewahrung traditioneller Strukturen und der Anpassung an die ökonomischen Realitäten globaler Märkte.

Gleichzeitig hat sich das Aufgabenspektrum der Clubs erheblich erweitert. Sie beschränken sich nicht mehr auf den Spielbetrieb, sondern entwickeln Geschäftsfelder wie eSports, Frauenfußball, internationale Akademien und globale Kooperationen. Teilweise wird diese Ausweitung auch durch Lizenzauflagen getrieben, die Voraussetzung sind, um in der Bundesliga bestehen zu können – ohne dass daraus jedoch unmittelbare sportliche Mehrwerte für die Profimannschaft entstehen.

Parallel übernehmen sie zunehmend gesellschaftliche Verantwortung – etwa in den Bereichen Nachhaltigkeit, Diversität und soziale Verantwortung, häufig gebündelt unter ESG-Kriterien (Reuters 2025a). Funktionäre sehen sich damit nicht nur als Manager eines Unternehmens, sondern auch als Steuerer gesellschaftlicher Institutionen, die sportliche, ökonomische und soziale Dimensionen verbinden müssen (Fink 2025a).

Die Professionalisierung gilt daher als unverzichtbar. Clubs müssen mit klaren Entscheidungsstrukturen, moderner Sportwissenschaft, medizinischer Betreuung, Datenanalyse und effizientem Management geführt werden, um sportliche Leistung und wirtschaftliche Stabilität zugleich zu sichern. Da Siege und Titel nicht planbar sind, schafft diese Professionalisierung einen Rahmen, der Kontinuität und Berechenbarkeit ermöglicht – und so die Grundlage für Wettbewerbsfähigkeit im internationalen Vergleich.

Auch die Eventisierung ist weniger ein originärer Clubimpuls, sondern wird maßgeblich von Verbänden wie FIFA, UEFA oder DFB vorangetrieben. Sie schaffen Wettbewerbe und Inszenierungsformate, die den Fußball zu globalen Medienereignissen transformieren. Für die Vereine bedeutet dies jedoch nicht nur Anpassung, sondern auch strategische Nutzung: Stadien werden zu multifunktionalen Arenen, Spiel- tage zu medial aufgeladenen Events, Hospitality und Sponsoring zu entscheidenden Einnahmequellen. Aus Sicht der Funktionäre sind Entertainment-Elemente daher kein Selbstzweck, sondern eine Finanzierungsgrundlage, um sportliche und ökonomische Wettbewerbsfähigkeit sicherzustellen.

Eine zentrale Rolle spielt zudem die Markenführung. Moderne wird hier zur Übersetzung von Tradition in narrative und visuelle Formen, die den Club unverwechselbar machen (Fink 2026d). Leitbilder, Missionen und Visionen dienen dazu, Zukunftsorientierung an ein stabiles Fundament zurückzukoppeln. Entscheidend bleibt, dass die Brand Delivery gelingt (Burmann et al. 2013): Ein Markenversprechen, das auf Tradition verweist, muss sich in Kommunikation, Stadionarchitektur, Mannschaftsauftritt und Merchandising widerspiegeln, um glaubwürdig zu sein.

Funktionäre begreifen die Moderne nicht als Bedrohung, sondern als unverzichtbare Grundlage für die Zukunft des Fußballs. Ohne professionelle Strukturen, internationale Expansion, Eventisierung und Markenführung drohen sportliche Irrelevanz und wirtschaftlicher Stillstand. Die Erweiterung in neue Geschäftsfelder sowie die Übernahme gesellschaftlicher Verantwortung verstärken dieses Bild: Fußballclubs agieren heute als hybride Organisationen, die Sport, Wirtschaft und soziale Dimensionen verbinden. Damit unterscheidet sich die Funktionärsperspektive deutlich von jener der Fans. Während Anhänger in Modernisierung oft eine Gefährdung von Authentizität sehen, verstehen Funktionäre sie als Überlebensstrategie. Ziel ist es, Tradition und Identität nicht aufzugeben, sondern in ein modernes, global anschlussfähiges Organisationsmodell zu integrieren.

Diese Prozesse betreffen nicht nur Strukturen, sondern auch sportliche Weichenstellungen: Soll der Club auf die Ausbildung eigener Talente setzen oder auf den Einkauf internationaler Stars? Soll das sportliche Profil lokal verwurzelt bleiben oder global erweitert werden? Solche Entscheidungen sind mehr als ökonomische Kalküle – sie berühren das Selbstverständnis eines Vereins und müssen mit seinen Werten und Traditionen in Einklang gebracht werden. Auch in Bereichen wie Datenanalyse, Internationalisierung oder ESG entsteht Akzeptanz nur dort, wo Neuerungen glaubwürdig kommuniziert und sichtbar an die Vereinswerte rückgebunden werden. Moderne ist damit keine Option, sondern eine Systemnotwendigkeit – ein Motor, der Entwicklung antreibt, zugleich aber die Gefahr birgt, die Distanz zwischen Clubs und Anhängern zu vergrößern, wenn Tradition, sportliche Ausrichtung und Zielsetzungen nicht erkennbar bewahrt und authentisch vermittelt werden.

2.2.3 Konflikte und Ausblick: Welche Modernisierung ist anschlussfähig?

Die Gegenüberstellung von Fan- und Funktionärsperspektive macht deutlich, dass Modernisierung im Fußball kein eindeutig positiv oder negativ zu bewertender Prozess ist, sondern ein Spannungsfeld (Roose und Schäfer 2017), das immer wieder neu austariert werden muss. Für Fans steht im Vordergrund, dass Modernisierung häufig als Verlust von Nähe, Authentizität und gemeinschaftlicher Bindung erlebt wird. Sie sehen in Eventisierung, der Ausweitung von Wettbewerben oder Investorenmodellen Anzeichen einer schleichenden Entfremdung, die zentrale Prinzipien wie Mitgliederbeteiligung, sportliche Unberechenbarkeit oder gewachsene Rituale bedroht. Funktionäre dagegen betrachten Modernisierung nicht als Risiko, sondern als Voraussetzung für Wettbewerbsfähigkeit und Überlebensfähigkeit in einem globalisierten Marktumfeld. Professionelle Strukturen, internationale Reichweite und wirtschaftliche Stabilität sind aus ihrer Sicht unverzichtbar, um den Anschluss an finanzstarke Ligen wie die Premier League nicht zu verlieren.

Die zentrale Frage lautet daher, welche Formen von Modernisierung für beide Seiten anschlussfähig sind. Fans akzeptieren Modernisierungsschritte, wenn diese erkennbar im Einklang mit der Vereinsidentität stehen und zur Bewahrung von Tradition beitragen. Investitionen in sportwissenschaftliche Methoden, medizinische Betreuung oder Datenanalyse werden überwiegend positiv bewertet, solange sie der sportlichen Leistungsfähigkeit dienen und nicht als Bruch mit dem „echten Spiel" empfunden werden. Auch infrastrukturelle Modernisierungen wie neue Stadien oder Nachwuchsleistungszentren stoßen auf Akzeptanz, wenn sie als Ausdruck der Weiterentwicklung des Vereins verstanden werden und nicht nur ökonomischen Interessen dienen.

Beispiele wie die Super League zeigen, dass Modernisierung dort scheitert, wo sie als reine Ökonomisierung gegen gewachsene Prinzipien des Fußballs verstanden wird. Projekte, die sportliche Unwägbarkeiten ausschalten oder Mitgliederbeteiligung untergraben, stoßen auf massiven Widerstand, weil sie den Kern des Spiels – Spannung, Offenheit und kulturelle Verankerung – infrage stellen (Bednarsky et al. 2017; Czoch 2013). Die Grenze ist damit deutlich: Modernisierung darf nicht zur Entkernung führen, sondern muss Tradition und Identität respektieren und in neue Strukturen übersetzen.

Für Vereine und Verbände bedeutet dies, Modernisierung als partizipativen Prozess zu gestalten. Authentizität entsteht nicht durch Marketingkampagnen, sondern durch die glaubwürdige Verknüpfung von Innovation und Tradition. Retro-Trikots oder Stadionmodernisierungen wirken nur dann identitätsstiftend, wenn sie als Ausdruck lebendiger Erinnerungskultur wahrgenommen werden. Sponsoring und Hospitality finden Akzeptanz, wenn sie sichtbar zur Finanzierung sportlicher Wettbewerbsfähigkeit beitragen, statt Selbstzweck zu sein. Auch Datenanalyse und Digitalisierung entfalten Bindungskraft nur dann, wenn sie als Fortsetzung des Strebens nach Exzellenz kommuniziert werden und nicht als technokratische Abkehr von gewachsenen Spielkulturen.

Darüber hinaus darf die Rolle der Medien in diesem Spannungsfeld nicht unterschätzt werden. Sie sind nicht nur Überträger, sondern zugleich Verstärker und Mitgestalter der Modernisierung. TV-Sender und Streamingdienste treiben durch Rechtepakete, exklusive Übertragungen und Entertainment-orientierte Inszenierungen jene Entwicklungen voran, die viele Fans als Entfremdung wahrnehmen. Gleichzeitig verstärken Medien durch ihre Narrative bestimmte Deutungen (Fink 2025b): Tradition wird als Retro- Story inszeniert, Innovation als technologischer Fortschritt verkauft, Kommerzialisierung als ökonomische Notwendigkeit gerahmt. Damit wirken sie wie ein Filter, der die Spannungsfelder neu kodiert und Konflikte beschleunigen kann. Für die Zukunftsfähigkeit des Fußballs bedeutet dies, dass Modernisierung nicht nur in den Clubs und Verbänden ausgehandelt wird, sondern auch in der medialen Öffentlichkeit. Akzeptanz entsteht deshalb nur dort, wo mediale Logiken kritisch reflektiert und mit Transparenz sowie Wertebindung verknüpft werden.

Der Ausblick zeigt: Moderne im Fußball wird nicht dadurch anschlussfähig, dass sie Tradition ersetzt, sondern dass sie diese erweitert und absichert. Eine Balance entsteht dort, wo Vereine ökonomische Professionalität und globale Reichweite entwickeln, ohne ihre lokale Verwurzelung, ihre Werte und ihre Mitgliederkultur preiszugeben. Gelingt diese Integration, kann Modernisierung nicht nur Entfremdung verhindern, sondern zur Grundlage werden, auf der neue Traditionen entstehen. Scheitert sie jedoch an Authentizitätsverlust und fehlender Fanpartizipation, droht der Fußball seine Funktion als kulturelles Zuhause zu verlieren.

2.3   Innovation – Störfaktor oder Chance?

Innovation im Fußball ist ein schillernder Begriff. Sie bezeichnet nicht nur technische Neuerungen, sondern umfasst ein breites Spektrum an Veränderungen – von digitalen Hilfsmitteln und medizinischen Fortschritten über organisatorische und institutionelle Modelle bis hin zu neuen Medien- und Fanformaten. Während „Moderne" vor allem die langfristige Professionalisierung beschreibt und „Kommerzialisierung" den ökonomischen Rahmen setzt, verweist Innovation auf konkrete Eingriffe, die das Spiel, die Clubs und die Wahrnehmung des Fußballs unmittelbar verändern.

Die Bandbreite der Innovationsfelder ist groß: Auf dem Spielfeld reichen sie von Technologien wie dem Video Assistant Referee (VAR), Goal-Line-Technologie und halb automatischem Abseitssystem (Schweizer et al. 2024) bis zu GPS-Tracking im Training oder KI-gestützten Scouting-Algorithmen (Memmert und Raabe 2017). Abseits des Spielfelds prägen digitale Angebote und neue Erlebnisformen den Wandel: virtuelle Tickets, VR-Übertragungen (Reuters 2025b), Fan-TVs oder Smart-Stadium- Konzepte verändern das Stadionerlebnis und die Beziehung zwischen Fans und Verein.

Diese Dynamiken entstehen nicht isoliert. Sie werden durch internationalen Wettbewerbsdruck beschleunigt: FIFA und UEFA treiben neue Technologien und Wettbewerbsformate voran und setzen damit Standards, während die Premier League als globaler Benchmark das „attraktivste Produkt" liefern will (Beck et al. 2025). Auch die Deutsche Fußball Liga (DFL) betont regelmäßig, dass Innovation kein Selbstzweck ist, sondern unmittelbar der Attraktivität und Wettbewerbsfähigkeit der Bundesliga dienen müsse. Ziel ist es, das Liga-Produkt international anschlussfähig zu halten – über digitale Strategien, zentrale Vermarktung und die kontinuierliche Weiterentwicklung der medialen Inszenierung (Süddeutsche Zeitung 2023). Ligen und Vereine sehen sich dadurch gezwungen, nachzuziehen, um nicht an Reichweite und Wettbewerbsfähigkeit zu verlieren. Innovation ist damit längst kein freiwilliger Schritt, sondern eine systemische Notwendigkeit, die über einzelne Clubs hinaus das gesamte Fußballökosystem prägt.

Gerade darin liegt die Ambivalenz: Innovation kann sportliche Exzellenz fördern, Fairness erhöhen und neue Formen der Fanbindung schaffen. Sie kann aber auch als Störfaktor wirken, wenn sie die Authentizität des Spiels untergräbt, Traditionen entwertet oder den Fußball stärker in eine ökonomisch-technologische Logik verschiebt. Die Frage lautet daher nicht, ob Innovation stattfindet – sondern wie sie gestaltet und vermittelt wird, damit sie als Fortschritt und nicht als Entfremdung wahrgenommen wird.

2.3.1   Fanperspektive: VAR, Streaming und technologische Eingriffe ins Spiel

Für viele Fans ist Innovation im Fußball weniger ein Symbol für Fortschritt als ein Eingriff in Routinen und Emotionen. Der Video Assistant Referee (VAR) oder das halb automatische Abseitssystem erhöhen zwar die Gerechtigkeit der Entscheidungen (Schweizer et al. 2024), verändern aber das Stadionerlebnis. Jubel über ein Tor, der durch lange Überprüfungen unterbrochen wird, bricht den „Flow" und stört die kollektive Emotion. Fans ärgern sich über die Dauer und Intransparenz der Entscheidungen, wissen zugleich aber auch, dass sie ohne VAR Fehlentscheidungen zu ihren Ungunsten riskieren würden. Der VAR wird so zum Fluch und Segen zugleich: Er nimmt Spontanität, schafft aber mehr Fairness – unabhängig davon, wie umstritten einzelne Auslegungen wie etwa bei der Handregel bleiben.

Die Ambivalenz verstärkt sich durch den Eindruck inkonsistenter Anwendung. So griff der VAR im Fall Badstübner in München ein, obwohl dies nach den Regularien nicht zulässig war (Kicker 2025). Innovation erhöht also einerseits die Gerechtigkeit, verstärkt andererseits aber die Distanz zwischen Spielfeld und Kurve, weil Emotion und Spontaneität dem Überprüfungsprozess untergeordnet werden. Innovation wird so zum Paradox: unverzichtbar für Fairness, aber zugleich ein Störfaktor für das unmittelbare Fußballerlebnis.

Auch digitale Entwicklungen rund um das Stadionerlebnis verstärken dieses Spannungsfeld. Virtuelle Tickets, VR-Angebote oder Fan-TVs eröffnen neue Teilhabeformen, ersetzen für viele jedoch nicht die leibliche Erfahrung im Stadion. Stattdessen wächst das Gefühl einer Zweiteilung: hier globale Konsumenten, dort lokale Fankultur (Fink 2026a). Besonders Ultras und organisierte Fangruppen fürchten, dass Digitalisierung und Entertainmentlogik die kollektive Stadionerfahrung schwächen und Fans zu passiven Kunden machen. Deutlich wird dies am Beispiel des geplanten „digitalen Etihad Stadium" von Manchester City: Im Metaverse soll eine virtuelle Stadionerfahrung möglich werden, theoretisch mit unbegrenzter Ticketzahl (focus.de 2022). Während Funktionäre darin Erlöspotenziale und Reichweite sehen (Bednarsky et al. 2017), befürchten Kritiker eine Entwertung des Live-Erlebnisses. Zwar gilt das virtuelle Stadion eher als Ergänzung, besonders für eine Generation, die mit Smartphones und sozialen Medien aufwächst, für viele traditionelle Anhänger aber bedeutet es einen weiteren Schritt zu einer Erlebniswelt, in der Authentizität, Gemeinschaft und unmittelbare Stadionatmosphäre hinter digitale Geschäftsmodelle zurücktreten.

Schließlich stehen auch ganze Clubmodelle für diese Wahrnehmung von Innovation als Traditionsbruch. Vereine wie RB Leipzig (RB Live 2017) oder die TSG Hoffenheim definieren sich über Effizienz, Investorenmodelle und moderne Strukturen – und werden deshalb von vielen Fans als „Retortenclubs" wahrgenommen (Bühler und Scheuermann 2014). Innovation ist hier nicht neutral, sondern ein kulturelles Signal: Sie verändert die Identität eines Vereins und damit die emotionale Beziehung der Anhänger (Zeit Online 2022).

Die Fanperspektive auf Innovation ist insgesamt von Ambivalenz geprägt. Einerseits erkennen viele Anhänger an, dass Neuerungen – etwa in Verletzungsprävention, Trainingsmethodik oder Nachwuchsförderung – sportlich sinnvoll und notwendig sind. Andererseits endet ihre Akzeptanz dort, wo Innovation in das unmittelbare Erlebnis und die Identität des Fußballs eingreift. Ob beim VAR, der zwar für mehr Gerechtigkeit sorgt, aber Spontanität raubt, bei digitalen Stadionwelten, die Teilhabe eröffnen, zugleich aber das Live-Erlebnis entwerten, oder bei Clubmodellen wie RB Leipzig und Hoffenheim, die als „Retortenclubs" wahrgenommen werden: Immer steht die Sorge im Vordergrund, dass Authentizität, Gemeinschaft und gewachsene Kultur zugunsten technokratischer oder ökonomischer Logiken zurückgedrängt werden. Fans sehen sich in diesem Spannungsfeld als Korrektiv – und zugleich als letzte Instanz, die darüber wacht, dass der Kern des Fußballs nicht verloren geht.

2.3.2 Funktionärsperspektive: Digitalisierung, Datenanalyse, neue Geschäftsmodelle

Aus Sicht der Funktionäre ist Innovation weniger ein Störfaktor, sondern vielmehr eine Notwendigkeit und zugleich eine Chance, um Wettbewerbsfähigkeit und Zukunftsfähigkeit des Fußballs zu sichern – wenn man zu den richtigen Zeitpunkten auf die passenden „Innovationen" setzt. Während Fans technologische Eingriffe oft als Bedrohung der Authentizität wahrnehmen, betrachten Vereinsführungen und Verbände sie als notwendige Instrumente, um sportliche Exzellenz, ökonomische Stabilität und globale Reichweite zu gewährleisten. Innovation bedeutet in diesem Kontext nicht primär Disruption, sondern Professionalisierung und Optimierung bestehender Strukturen.

Ein zentraler Bereich ist die Digitalisierung der Spiel- und Trainingsprozesse (Memmert und Raabe 2019). Clubs investieren in Datenanalyse, GPS-Tracking und algorithmische Auswertung, um Spielweisen präziser zu steuern, Verletzungsrisiken zu minimieren und die Entwicklung von Talenten systematisch zu begleiten (Memmert 2024). Scouting-Abteilungen greifen auf datengetriebene Modelle zurück, die weltweit Millionen von Spielern erfassen und Rankings nach statistischen Kriterien ermöglichen (Memmert Daniel und Raabe 2019a). Damit verändert sich die Entscheidungslogik im Management von Kadern: Subjektive Einschätzungen von Trainern und Scouts werden durch objektivierte Daten ergänzt, was die Transparenz und Planbarkeit erhöht (Memmert Daniel und Raabe 2019b). Innovation fungiert hier als Rationalisierungsschub, der Effizienz und Professionalität steigert.

Parallel zur sportlichen Entwicklung eröffnet die Digitalisierung neue Geschäftsmodelle. Streaming-Plattformen, virtuelle Ticketverkäufe, digitale Fan-Engagement-Tools oder eSports sind längst keine Nebenfelder mehr (Haupt und Herberth 2017). Sie schaffen zusätzliche Erlösquellen und tragen dazu bei, Clubs als globale Marken zu positionieren. Besonders Ligen wie die Bundesliga nutzen diese Innovationskraft, um das „Liga-Produkt" international konkurrenzfähig zu halten. Die DFL experimentiert seit Jahren mit Technologien wie Virtual Advertising oder automatisierten Kamerasystemen (DFL 2024), die individuell angepasste Übertragungen für verschiedene Märkte ermöglichen. Dahinter steht weniger ein Innovationsideal als vielmehr der Druck des internationalen Wettbewerbs: Ligen konkurrieren um Aufmerksamkeit, TV-Rechte und Sponsoren. Die Premier League gilt dabei als Benchmark, weil sie mit innovativen Medientechnologien Reichweite und Erträge maximiert hat. Für die Bundesliga bedeutet dies, Innovationen als festen Bestandteil ihrer Markenstrategie zu verankern, um international nicht den Anschluss zu verlieren.

Ein zweites Feld betrifft die Optimierung des Zuschauererlebnisses. Innovation bedeutet für Funktionäre nicht nur sportliche Verbesserung, sondern auch Inszenierung: digitale Stadion-Apps, bargeldloses Bezahlen, Augmented-Reality-Angebote oder personalisierte Fanerlebnisse gehören inzwischen zum Standard (Haupt und Herberth 2017). Ziel ist es, das Stadionerlebnis an globale Entertainment-Standards anzupassen und zugleich neue Konsumentengruppen zu erschließen.

Insgesamt sehen Funktionäre Innovation als unverzichtbares Element, um den Fußball als Produkt international anschlussfähig zu halten. Sie verstehen sie als Brücke zwischen Tradition und Moderne: Datenanalyse und Digitalisierung sollen nicht den Kern des Spiels ersetzen, sondern die Grundlage schaffen, um sportliche Leistungsfähigkeit, wirtschaftliche Stabilität und gesellschaftliche Verantwortung miteinander zu verbinden. Damit unterscheidet sich ihre Perspektive grundlegend von jener der Fans: Wo diese Kontrollverlust und Entfremdung fürchten, sehen Funktionäre Steuerungsgewinne und neue Chancen. Innovation ist für sie nicht Bedrohung, sondern notwendiger Baustein einer globalen Wettbewerbsstrategie.

2.3.3   Konflikte und Ausblick: Wo entsteht Akzeptanz für Innovation?

Die Betrachtung der Innovationsdynamiken im Fußball verdeutlicht ein Spannungsfeld, das zwischen Fans und Funktionären immer wieder neu austariert werden muss. Während Funktionäre Innovation primär als Chance und Notwendigkeit verstehen, um sportlich, ökonomisch und gesellschaftlich wettbewerbsfähig zu bleiben, erleben Fans sie häufig als Eingriff in die Authentizität des Spiels. Entscheidend ist daher nicht, ob Innovationen eingeführt werden, sondern wie sie legitimiert, kommuniziert und umgesetzt werden.

Akzeptanz entsteht insbesondere dort, wo Innovationen den sportlichen Kern stärken, ohne den Charakter des Spiels zu verfremden. Datenanalyse, moderne Trainingsmethoden oder medizinische Innovationen werden von Fans weitgehend akzeptiert, weil sie die Leistungsfähigkeit erhöhen und Verletzungen vorbeugen, ohne den Spielfluss sichtbar zu verändern. Anders verhält es sich bei Eingriffen in den unmittelbaren Spielverlauf wie dem VAR: Hier zeigt sich, dass Akzeptanz weniger von der Technologie selbst abhängt als von ihrer Umsetzung und Wahrnehmung. Transparenz, Konsistenz und ein klar erkennbarer Nutzen sind die Schlüsselbedingungen für Anerkennung.

Ein zweiter Bereich betrifft die Integration von Innovation in Tradition und Identität. Fans akzeptieren Neuerungen, wenn sie in bestehende Rituale und Werte eingebettet werden. Digitale Stadion-Apps oder personalisierte Angebote werden dann positiv aufgenommen, wenn sie das Stadionerlebnis ergänzen, ohne die gemeinschaftlichen Dimensionen zu ersetzen. Innovation wird dort anschlussfähig, wo sie erkennbar in den Dienst der Fan-Erfahrung gestellt wird und nicht nur als Instrument ökonomischer Verwertung erscheint.

Drittens hängt Akzeptanz von der Balance zwischen nationaler Kultur und globalem Wettbewerb ab. Viele Fans erkennen an, dass die Bundesliga, die DFL und die Clubs Innovationen einsetzen müssen, um international konkurrenzfähig zu bleiben. Ablehnung entsteht jedoch dann, wenn diese Anpassungen als Bruch mit spezifischen Eigenheiten des deutschen Fußballs verstanden werden – etwa mit der 50+1- Regel oder der Mitgliederbeteiligung. Innovationen, die sichtbar im Einklang mit diesen Strukturen umgesetzt werden, können Vertrauen schaffen; Innovationen, die sie unterlaufen, verstärken dagegen die Entfremdung.

Der Ausblick zeigt: Innovation im Fußball wird von Fans nicht pauschal abgelehnt oder begrüßt, sondern an Bedingungen geknüpft. Akzeptanz entsteht, wenn sie erkennbaren Nutzen für Sport, Fans oder Gesellschaft stiftet, transparent kommuniziert und konsequent umgesetzt wird – und wenn sie nicht im Widerspruch zu den Grundprinzipien des Spiels steht. Fans sind damit keine Gegner von Neuerungen, sondern kritische Korrektive: Sie fordern, dass Technologie und Modernisierung Authentizität, Identität und Werte stützen, statt sie zu verdrängen.

Für die Zukunft bedeutet dies: Die Innovationsfähigkeit des Fußballs hängt weniger von verfügbaren Technologien ab als von der Fähigkeit, diese in kulturelle und sportliche Narrative einzubetten. Innovation findet dann Akzeptanz, wenn sie nicht als Fremdkörper erscheint, sondern als Mittel, Tradition, Wettbewerb und Authentizität zu bewahren – und den Fußball zugleich für eine global vernetzte Zukunft zu rüsten.

2.4 Kommerzialisierung – Normalität oder Bedrohung?

Kommerzialisierung gehört seit den 1990er-Jahren zu den prägenden Entwicklungen des Profifußballs. Einen Wendepunkt markierte die Gründung der Premier League 1992, als sich führende englische Clubs von der Football League lösten, um eigene, lukrativere TV-Verträge abzuschließen (Raecke 2017). Die Verbindung mit Pay-TV-Sendern wurde zum Katalysator: Sie brachte enorme Einnahmen, machte die Liga global sichtbar und legte den Grundstein für ein Geschäftsmodell, in dem Medienrechte, Sponsoring und internationale Vermarktung den sportlichen Betrieb überlagerten. Auch in Deutschland öffnete sich der Markt, wenngleich ohne vergleichbare Strukturrevolution (Damm 2008). Die frühe Skalierung der Premier League zeigt bis heute, dass Kommerzialisierung nicht bloß Begleiterscheinung, sondern strategische Transformation des Fußballs ist.

Unter Kommerzialisierung ist die systematische Ökonomisierung des Spiels zu verstehen – von TV-Rechten über Sponsoring, Merchandising, Hospitality und Naming Rights bis hin zu Investorenbeteiligungen. Anders als Modernisierung, die auf Strukturen zielt, oder Innovation, die Technologien einführt, bildet sie den ökonomischen Rahmen, in dem andere Prozesse erst wirksam werden. Ohne Kapitalflüsse aus medialer Verwertung, Sponsoring oder Investoren wäre der heutige Grad an Professionalisierung und Technologisierung undenkbar.

Ein zentrales Strukturmerkmal ist die Ausgliederung der Profiabteilungen in Kapitalgesellschaften. Viele Vereine schaffen damit eigenständig operierende Einheiten und öffnen sich bewusst für externe Kapitalgeber. Ein prominentes Beispiel ist der FC Bayern München, der seine Profiabteilung 2002 in die FC Bayern München AG überführte. Neben dem Verein halten Adidas, Audi und Allianz Minderheitsanteile – ein Modell, das Kapitalzufluss und Kontrolle in einem ausgewogenen Verhältnis sichern soll (Focus.de 2025). Während Kritiker darin eine Entmachtung der Mitglieder sehen, verweisen Befürworter auf internationale Wettbewerbsfähigkeit durch stabile Unternehmensstrukturen.

Mit globalen Investorenmodellen wie Multiclub Ownership hat sich die Kommerzialisierung weiter ver- dichtet. Konzerne und Investoren wie Red Bull, City Football Group, 777 Partners oder INEOS kontrollieren inzwischen mehrere Vereine in verschiedenen Ligen (City Football Group o. J.; Redaktionsnetzwerk Deutschland 2025). Dies ermöglicht Synergien in Scouting, Spielerentwicklung und Vermarktung, verschiebt aber auch das Verständnis von Vereinsidentität und lokaler Verankerung: Clubs werden Teil globaler Portfolios, die marktwirtschaftlich entwickelt, genutzt oder abgestoßen werden.

Auch auf Ligenebene dringt Kommerzialisierung vor: Modelle wie der CVC-Deal in Spanien, die ge- scheiterten Verhandlungen in der Serie A oder der abgelehnte Investoren-Einstieg in die DFL zeigen, dass die Einbindung von Private Equity bis in die Steuerungsmechanismen nationaler Wettbewerbe reicht (Bednarsky et al. 2017; Czoch 2013). Zwar eröffnen solche Modelle kurzfristige finanzielle Spielräume, zugleich entstehen Abhängigkeiten und Fragen nach Einflussrechten und Kontrolle zentraler Erlösquellen. Der spanische Deal wurde trotz juristischer Bestätigung bis heute heftig kritisiert, Italien lehnte einen vergleichbaren Einstieg 2024 ab, und in Deutschland scheiterte 2023/2024 das Vorhaben am Widerstand einzelner Clubs und massiven Fanprotesten (Transfermarkt.de 2024). Damit wird deutlich: Die Kommerzialisierung des Fußballs stößt auf demokratische, rechtliche und kulturelle Grenzen.

Die Entwicklung bleibt ambivalent. Für Funktionäre bedeutet Kommerzialisierung Stabilität, Wachstum und internationale Wettbewerbsfähigkeit. Für viele Fans hingegen steht sie für den „Verkauf der Seele": Sie fürchten, dass Tradition, Authentizität und lokale Verankerung unter ökonomischen Logiken ver- schwinden. Die zentrale Frage lautet daher: Ist Kommerzialisierung im Profifußball inzwischen Normalität – oder bleibt sie eine Bedrohung für das kulturelle und identitäre Selbstverständnis des Spiels?

2.4.1 Fanperspektive: „Verkauf der Seele"

Für viele Anhänger ist Kommerzialisierung der Inbegriff dessen, was den Fußball seiner Authentizität beraubt. Während Professionalisierung und Innovation akzeptiert werden, solange sie erkennbar der sportlichen Qualität oder dem Verein zugutekommen, empfinden Fans die zunehmend Ökonomisierung des Spiels als „Verkauf der Seele". Gemeint ist damit weniger die ökonomische Logik an sich, sondern das Gefühl, dass Leidenschaft, Werte und lokale Verankerung systematisch den Gesetzen des Marktes untergeordnet werden.

Diese Wahrnehmung verdichtet sich an Symbolen, die direkt in das Fanerlebnis eingreifen. Umbenennungen traditionsreicher Stadien durch Sponsoren, steigende Ticketpreise oder die Dominanz von Hospitality-Angeboten vermitteln den Eindruck, dass Fans nicht länger als Träger von Identität und Kultur, sondern primär als zahlende Kunden gesehen werden. Das Stadion, früher kollektives Ritual und Ort gelebter Gemeinschaft, wird zunehmend zum Eventraum, in dem Nähe und Spontaneität ökonomischer Logik weichen.

Besonders deutlich zeigt sich dieser Prozess in England, wo stark gestiegene Eintrittspreise dazu geführt haben, dass lokale Anhänger sich den Stadionbesuch oft nicht mehr leisten können. Stattdessen richtet sich das Angebot stärker an Touristengruppen, die zwar zahlungskräftiger sind, aber weniger leidenschaftlich eingebunden. Rund um das Emirates Stadium in London lässt sich dieser Wandel beobachten: Reisegruppen posieren vor Stadionstatuen und Fanshops, während junge oder einkommensschwächere Anhänger ihre Spiele in Pubs verfolgen oder sich gänzlich vom Profifußball abwenden. Manche wenden sich bewusst Amateurvereinen wie Clapton FC oder Dulwich Hamlet FC zu, wo Gemeinschaft, Nähe und Authentizität noch unmittelbar erfahrbar bleiben (Erberich 2017).

In Deutschland stellt sich die Situation anders dar: Extrem hohe Ticketpreise sind bislang nicht das Hauptproblem, wohl aber die Verfügbarkeit. Eintrittskarten sind in vielen Stadien dauerhaft ausverkauft und werden fast ausschließlich über Mitgliedschaften vertrieben, aber auch dies ist keine Garantie zum Erhalt von Tickets.

Hinzu kommt in beiden Ländern die Entwicklung der Medienlandschaft. Was früher durch eine einfache Fernsehgebühr abgedeckt war, verteilt sich heute auf ein komplexes Geflecht aus Pay-TV- und Streamingdiensten. Anbieter wie Sky, DAZN, Magenta Sport, Amazon Prime oder RTL+ sichern sich exklusive Rechte für bestimmte Wettbewerbe, Wochentage oder einzelne Spiele. Um alle Partien ihres Vereins live zu sehen, müssen Fans mehrere Abos abschließen, die sich in der Saison 2024/25 auf bis zu 80 € pro Monat oder mehr summieren können (Kicker 2024; Sportbuzzer 2023). Für viele Haus- halte ist dies eine erhebliche Belastung – und Ausdruck dafür, dass Fußball nicht mehr frei zugänglich, sondern in kleinteilige, ökonomisch kalkulierte Segmente zerlegt wird. Langfristig birgt dies ein noch größeres Problem: Kinder wachsen zunehmend ohne frei empfangbare Fußballübertragungen auf und entwickeln dadurch weniger früh ein Interesse am Spiel – eine Gefahr für die nächste Generation von Fans.

Diese Entwicklungen haben zu einer zunehmenden Protestkultur geführt. In Deutschland kulminierte dies etwa in den massiven Fanaktionen gegen den geplanten DFL-Investoren-Deal 2023/24: Wochen- lange Stimmungsboykotte, symbolische Spielunterbrechungen durch Tennisbälle und Banneraktionen verdeutlichten, dass Kommerzialisierung an Akzeptanzgrenzen stößt. Auch auf europäischer Ebene zeigte das Scheitern der Super League 2021, dass Fans bereit sind, entschlossen Widerstand zu leisten, wenn die Balance zwischen ökonomischer Notwendigkeit und kultureller Identität aus dem Gleichgewicht gerät (Erberich 2021; ZDF.de 2024).

Die Fanperspektive ist damit von Ambivalenz geprägt: Einerseits erkennen Anhänger an, dass Clubs ökonomische Einnahmen benötigen, um sportlich konkurrenzfähig zu bleiben. Andererseits empfinden sie dieselben Logiken als Bedrohung, sobald sie Authentizität, Werte und lokale Verankerung untergraben. Der Vorwurf des „Verkaufs der Seele" ist deshalb weniger eine pauschale Ablehnung von Kommerzialisierung, sondern Ausdruck kultureller Selbstverteidigung: Er markiert die rote Linie, an der wirtschaftliche Rationalität in Entfremdung umschlägt.

2.4.2 Funktionärsperspektive: Voraussetzung für Wettbewerbsfähigkeit

Für Funktionäre ist der Profifußball längst nicht mehr allein ein Sport, sondern ein hochdynamisches Wettbewerbsumfeld, das nach denselben Mechanismen funktioniert wie globale Märkte. In ihrer Perspektive ist Kommerzialisierung kein moralisches Problem, sondern eine Überlebensfrage. Clubs stehen in einem permanenten Rattenrennen um Kapital, Talente, Reichweite und mediale Aufmerksamkeit. Wer in dieser Logik nicht wächst, verliert – nicht nur sportlich, sondern auch in seiner Relevanz für Sponsoren, Investoren und internationale Fans.

Das Handeln von Funktionären ist daher von einem Zwang zur Diversifizierung der Einnahmen geprägt. Da sportlicher Erfolg nicht planbar ist, gilt es, möglichst viele ökonomische Standbeine aufzubauen, um Risiken abzufedern. Medienrechte, Sponsoring, Merchandising, Hospitality-Angebote und internationale Kooperationen werden nicht als Zusatzgeschäft verstanden, sondern als Grundpfeiler für Stabilität und Planungssicherheit. Nur wenn finanzielle Basisstrukturen stimmen, können moderne Kader zusammengestellt, Nachwuchsleistungszentren betrieben und Infrastrukturen wie Stadien oder Trainingsanlagen finanziert werden. Damit wird Kommerzialisierung in dieser Logik zu einem Risikomanagementinstrument, das die Unberechenbarkeit des Sports abfedert.

Hinzu kommt, dass die Erwartungen an Vereine weit über das Spielfeld hinausgewachsen sind. Clubs sollen heute nicht nur erfolgreich spielen, sondern zugleich als gesellschaftliche Akteure auftreten. Nachhaltigkeitsstrategien, Diversitäts-programme, Inklusionsinitiativen und lokale Engagements sind in den vergangenen Jahren zu festen Bestandteilen des Anforderungsprofils geworden – häufig ge-bündelt unter ESG-Kriterien. Funktionäre betonen, dass sich diese zusätzlichen Aufgaben ohne stabile Einnahmen nicht erfüllen lassen, ohne gleichzeitig die sportliche Wettbewerbsfähigkeit zu gefährden. Kommerzialisierung erscheint daher nicht nur als sportlich-ökonomische Notwendigkeit, sondern als Basis, um den Verein auch gesellschaftlich anschlussfähig und glaubwürdig zu halten.

Ein weiteres Feld, das die Funktionärsperspektive prägt, ist die Markenbildung. Im globalen Wettbewerb konkurrieren Clubs nicht mehr nur um Tabellenplätze, sondern auch um Sichtbarkeit, Attraktivität und mediale Durchdringung. Sponso-ringpartnerschaften, internationale Tourneen oder Naming Rights werden nicht als reine Geldquellen betrachtet, sondern als Investitionen in den Markenwert eines Clubs. Der Gedanke lautet: Je stärker die Marke, desto größer die Anziehungskraft für Spieler, Sponsoren und internationale Zielgruppen – und desto höher wiederum die Erlöspotenziale. Glaubwürdigkeit bleibt dabei entscheidend: Ökonomische Stärke entfaltet nur dann nachhaltige Wirkung, wenn sie mit sportlichem Erfolg und identitätsstiftenden Werten in Einklang steht.

Besonders im deutschen Kontext zeigt sich dabei eine strukturelle Spannung. Die 50+1-Regel sichert demokratische Kontrolle und Mitgliederkultur, begrenzt aber gleichzeitig den Zugang zu Kapital, wie er in anderen Ligen längst selbstver-ständlich ist. Funktionäre erleben diese Regelung als ambivalentes Instrument: Sie schützt vor Entfremdung, macht es jedoch schwer, international mitzuhalten. Wäh-rend Investoren in der Premier League Milliardensummen in Clubs pumpen, blei-ben deutschen Vereinen vielfach nur die Möglichkeiten organischen Wachstums und strategischer Partnerschaften. Das führt zu einer paradoxen Situation: Einer-seits wollen Funktionäre Tradition und Mitgliederkultur nicht gefährden, anderer-seits sehen sie sich gezwungen, Wege zu finden, um die finanziellen Lücken im Vergleich zu anderen Ligen zu schließen.

Für Vereinsführungen ist Kommerzialisierung daher nicht der „Verkauf der Seele", sondern das Mittel, um Tradition und Identität überhaupt zu sichern. Aus funktionärslogischer Sicht droht nicht die Kommerzialisierung den Verein zu zer-stören, sondern vielmehr ihr Fehlen. Beispiele wie der sportliche Absturz traditions-reicher Clubs ohne solide Einnahmestrukturen – etwa Schalke 04 oder der 1. FC Kaiserslautern – dienen hier als warnende Beispiele. Der Gedanke lautet: Nur wer ökonomisch stabil ist, kann sportlich bestehen, Werte leben und gesellschaftliche Verantwortung übernehmen.

Am Ende unterscheidet sich die Funktionärsperspektive damit grundlegend von jener der Fans. Während Anhänger in Kommerzialisierung oft einen Bruch mit

Authentizität und Fankultur sehen, begreifen Funktionäre sie als Systemnotwendigkeit. Ihre Kernfrage lautet nicht, ob Kommerzialisierung stattfinden soll, sondern wie sie so gestaltet werden kann, dass sie Wachstum, Stabilität und Markenstärke ermöglicht. Dabei stehen sie zugleich unter erheblichem Druck: Von Fans, die sportliche Erfolge erwarten, von Gremien, die wirtschaftliche Stabilität einfordern, und von einem global aufgeblähten Markt, in dem Spitzenleistungen ohne finanzielle Mittel kaum dauerhaft erreichbar sind. In dieser Dynamik erscheint Kommerzialisierung für Funktionäre nicht als freiwillige Strategie, sondern als unverzichtbare Grundlage, um sportliche Wettbewerbsfähigkeit, ökonomische Stabilität und identitäre Kontinuität miteinander zu verbinden – auch wenn damit unweigerlich das Risiko wächst, die Distanz zur eigenen Anhängerschaft zu vergrößern.

2.4.3 Konflikte und Ausblick: Wie viel Kommerz verträgt Identität?

Die Spannung zwischen ökonomischer Dynamik und identitärer Verwurzelung prägt den Diskurs um Kommerzialisierung wie kaum ein anderes Thema. Funktionäre betrachten sie als strategische Basis, ohne die sportlicher Erfolg, internationale Sichtbarkeit und gesellschaftliche Anschlussfähigkeit nicht mehr zu gewährleisten wären. Für viele Fans dagegen symbolisiert sie eine schleichende Entfremdung – die Gefahr, dass Leidenschaft, Werte und lokale Bindung hinter Erlöslogiken verschwinden. Entscheidend ist daher nicht, ob Kommerzialisierung stattfindet, sondern wie sie gestaltet, begrenzt und kulturell legitimiert werden kann.

Besonders sichtbar wird der Konflikt an den Schnittstellen von Kapital und Kontrolle. Für Anhänger geht es nicht mehr nur um Stadionnamen oder Ticketpreise, sondern um den Eindruck, dass externe Akteure den Fußball „kaufen". Staatsfonds, internationale Investoren oder Multiclub-Holdings sichern sich Eigentumsrechte und strategischen Einfluss – offiziell als wirtschaftliche Stabilisierung, von Fans jedoch als Ausverkauf wahrgenommen. Sponsoring aus Branchen wie Energie, Rüstung oder Finanzen verstärkt diesen Verdacht: Fußball wird als Bühne für „Sportswashing" genutzt, während Vereine das Gefühl von Unabhängigkeit verlieren.

Auch die Medien- und Vermarktungslogik verschärft diesen Eindruck. TV-Rechte, Pay-TV-Modelle und Streamingangebote steigern zwar die Einnahmen, vertiefen aber die Abhängigkeit von globalen Konzernen und schließen viele Fans aus ihrem angestammten Kulturraum aus. Damit wird Kommerzialisierung zur

Machtfrage: zwischen internationalen Kapitalinteressen einerseits und kultureller Selbstbestimmung andererseits.

Ein Blick nach Europa verdeutlicht, dass die Muster variieren. Die Premier League gilt als Extremform eines Kapitalmarktmodells, in dem nahezu alle Clubs Investoren gehören, und in dem ein regelrechtes Rattenrennen um TV-Gelder und Sponsoren das Tempo vorgibt (Transfermarkt.de 2022). Spanien und Italien experimentierten mit Private-Equity-Beteiligungen auf Ligenebene, die kurzfristige Erlöse sichern sollten, aber langfristige Abhängigkeiten geschaffen hätten. In Deutschland prägt die 50+1-Regel eine Sonderstellung: Sie sichert Mitgliederrechte und demokratische Kontrolle, begrenzt aber zugleich den Kapitalzugang. Diese Unterschiede zeigen, dass Kommerzialisierung kulturell geprägt ist und nationale Traditionen, Rechtsrahmen und Fankulturen darüber entscheiden, wie anschlussfähig bestimmte Modelle sind.

Hinzu kommt ein strukturelles Dilemma: Ohne Kommerzialisierung verlieren Clubs ihre Wettbewerbs- fähigkeit; mit übersteigerter Ökonomisierung riskieren sie den Verlust kultureller Legitimität. Die gescheiterte Super League 2021 oder der abgelehnte DFL-Investor 2023/24 verdeutlichen dies: Wirtschaftlich plausible Modelle scheiterten an massiven Fanprotesten. Ökonomische Argumente allein reichen nicht – Akzeptanz entsteht nur, wenn Entscheidungen mit Tradition, Mitgliedermitbestimmung und kultureller Verankerung vereinbar sind.

Der Ausblick hängt daher an einer Balance-Strategie. Vereine müssen Kommerzialisierung glaubwürdig mit ihrer Identität verknüpfen, indem sie

- Partizipation sichern (z. B. durch Mitgliederabstimmungen und transparente Kommunikation),
- Wertebindung gewährleisten (Sponsoring und Investoren an Clubleitbilder koppeln),
- Zugang garantieren (erschwingliche Tickets, Free-TV-Präsenz zentraler Spiele),
- Langfristigkeit in den Vordergrund stellen (nachhaltige Markenentwicklung statt kurzfristiger Erlöse).

Wie viel Kommerz ein Club verträgt, entscheidet sich also weniger an absoluten Summen als an der Art der Umsetzung. Kommerzialisierung muss nicht zwangsläufig Entfremdung bedeuten – sie kann auch Grundlage sein, um Tradition, Werte und Identität in einer globalisierten Fußballwelt zu bewahren. Scheitert dieser Balanceakt jedoch, droht der Fußball jene Glaubwürdigkeit einzubüßen, die ihn von einer reinen Unterhaltungsindustrie unterscheidet.

2.5   Fußball zwischen Authentizität, Marktlogik und Zukunftsfähigkeit

Die vorangegangenen Kapitel haben Tradition, Moderne, Innovation und Kommerzialisierung jeweils in ihren Eigenlogiken entfaltet und aus Fan- wie auch Funktionärsperspektive betrachtet. Dabei wurde deutlich, dass keines dieser Felder für sich allein steht: Tradition wird zunehmend in Markenstrategien integriert, Moderne erscheint als Professionalisierungsschub, der zugleich Entfremdung erzeugen kann, Innovation bietet Chancen der Leistungssteigerung, wird jedoch häufig als Eingriff in die Authentizität erlebt, und Kommerzialisierung schafft zwar die ökonomische Basis, steht jedoch unter dem Verdacht des „Verkaufs der Seele". In der Zusammenschau ergibt sich daraus kein lineares Bild, sondern ein Spannungsgeflecht, das sich durch wechselseitige Verstärkungen und Konflikte auszeichnet.

Genau hier setzt die nun folgende Meta-Perspektive an. Sie fragt nicht mehr nach den Detailauseinandersetzungen innerhalb einzelner Entwicklungsfelder, sondern nach den Schnittstellen, an denen sich entscheidet, ob Fußball in seiner Gesamtheit authentisch bleiben und zugleich zukunftsfähig werden kann. An diesen Kreuzungspunkten verdichten sich die Konfliktlinien: Moderne ohne Rückbindung an Tradition wird als Entfremdung wahrgenommen, Kommerzialisierung ohne Wertebindung als Bedrohung, Innovation ohne kulturelle Übersetzung als Störfaktor. Umgekehrt können dieselben Prozesse stabilisierend wirken, wenn sie legitimiert, transparent vermittelt und partizipativ gestaltet werden.

Damit rückt der Fußball als Ganzes in den Blick: nicht nur als Sport, sondern als gesellschaftliches Teilsystem, das kulturelle Verwurzelung mit ökonomischer Dynamik, lokale Identität mit globaler Reichweite und Authentizität mit technologischer Transformation verbinden muss. Die folgenden Ab- schnitte greifen diese Schnittstellen auf, bündeln die zentralen Konfliktlinien und zeigen, dass Zukunfts- fähigkeit nicht im Auflösen der Spannungen liegt, sondern in der Fähigkeit, sie auszuhalten, produktiv zu nutzen und in balancierte Strukturen zu übersetzen.

2.5.1   Spiegel gesellschaftlicher Widersprüche

Der Profifußball macht gesellschaftliche Widersprüche in verdichteter Form sichtbar. Er ist Ritual und Geschäft, Gemeinschaftsraum und globales Medienprodukt, kulturelles Erbe und technologisches Experimentierfeld. Seine Anziehungskraft liegt in dieser Vielschichtigkeit, zugleich spiegelt er Konflikte, die auch Politik, Wirtschaft und Kultur prägen. Fragen nach der Verbindung von Verwurzelung und ökonomischer Dynamik, lokaler Identität und globaler Reichweite oder Authentizität und technologischer Transformation sind damit nicht nur fußballspezifisch, sondern Fragen der Moderne insgesamt.

Besonders markant ist die Gleichzeitigkeit von Stabilität und Beschleunigung. Fußball lebt von Ritualen und symbolischer Kontinuität – Stadiongesänge, Vereinsfarben, historische Erzählungen. Gleichzeitig steht er unter massivem Veränderungsdruck: Medienmärkte verlangen neue Produkte, Investoren treiben Kapitalisierungslogiken, technologische Innovation verändert Training, Spielsteuerung und Konsum. Diese Überlagerung entspricht Giddens' (1991) „doppelter Struktur der Moderne" (Renn 2010): Sicherheit und Verunsicherung, Ritual und Innovation, Authentizität und Ökonomisierung existieren nebeneinander.

Ein zweites Spannungsfeld ist das Verhältnis von Kollektivität und Individualisierung. Fußball war stets Medium der Gemeinschaft: Choreografien, Gesänge oder kollektive Emotionen schaffen ein „Structures of feeling" (Pickering 1997). Zugleich gewinnen individualisierte Erlebnisse an Gewicht: personalisierte Streaming-Angebote, Social-Media-Inszenierungen oder virtuelle Spiele. Der Fußball verkörpert damit „Ko-Individualisierung" (Adolf 2015): individuelle Ausdrucksformen und kollektive Zugehörigkeit müssen austariert werden.

Darüber hinaus verdichten sich Fragen von Macht und Legitimität. Entscheidungen von Verbänden, Clubs oder Investoren sind nicht nur an Effizienz zu messen, sondern müssen sich auch gegenüber Fans und Öffentlichkeit legitimieren. Super League 2021 oder die Investorenpläne der DFL 2023/24 zeigten, dass ökonomische Rationalität allein nicht reicht. Ohne demokratische Rückkopplung, Transparenz und Akzeptanz scheitern selbst plausible Modelle. Fußball wird damit zum Labor für Governance: Akteure müssen wirtschaftliche, politische und kulturelle Dimensionen in Einklang bringen.

Der Mehrwert liegt darin, Spannungen nicht als Problem, sondern als Ressource zu begreifen. Zukunftsfähigkeit entsteht nicht durch Auflösung, sondern durch Balance. Konkrete Handlungsprinzipien sind:

- Legitimität sichern: Entscheidungen müssen transparent vermittelt werden, um Akzeptanz zu schaffen.
- Wertebindung gewährleisten: Tradition und Identität dienen als Leitplanken für Kommerzialisierung und Innovation.
- Transparenz herstellen: Ziele und Grenzen neuer Modelle müssen klar kommuniziert werden.
- Partizipation ermöglichen: Fans und Mitglieder sind Mitgestalter, nicht nur Konsumenten.

In dieser Perspektive ist Fußball nicht nur Spiegel gesellschaftlicher Widersprüche, sondern auch Experimentierfeld für deren Lösung. Moderne Gesellschaften bleiben nicht stabil, indem sie Widersprüche vermeiden, sondern indem sie sie reflektieren und produktiv nutzen. Authentizität und Marktlogik, Tradition und Innovation, lokale Verwurzelung und globale Expansion lassen sich zwar nicht widerspruchsfrei vereinen, aber in eine Balance bringen, die kulturelle Tiefe und Zukunftsfähigkeit gleichermaßen ermöglicht. Fußball markiert so eine Blaupause für gesellschaftliches Lernen im Umgang mit Transformation: Spannungen als Motor für Anpassung, Weiterentwicklung und Identitätsstiftung.

2.5.2 Zentrale Konfliktlinien

Die Entwicklung des Profifußballs bündelt sich an bestimmten Spannungspunkten. Diese Konfliktlinien sind Ausdruck struktureller Gegensätze, die den Fußball dauerhaft prägen. Sie verlaufen nicht entlang klarer Trennlinien, sondern überlagern sich und beeinflussen einander. In ihnen entscheidet sich, ob der Fußball Authentizität bewahrt und zugleich zukunftsfähig bleibt. Drei Achsen sind besonders zentral: Authentizität vs. Marktlogik, Governance vs. Partizipation sowie Globalisierung vs. lokale Verwurzelung.

Authentizität vs. Marktlogik
Die Frage lautet, ob ökonomische Strukturen den Kern des Fußballs stützen oder aushöhlen. Authentizität wird durch Tradition, Rituale, Symbolik und die Stadionerfahrung erzeugt – sie macht aus Fußball mehr als ein Unterhaltungsprodukt. Demgegenüber steht die Marktlogik, die Einnahmen aus Sponsoring, Medienrechten oder Investorenbeteiligungen als Grundlage für Wettbewerbsfähigkeit versteht. Konflikte entstehen, wenn ökonomische Interessen sichtbar in die Fanpraxis eingreifen – etwa durch Stadionumbenennungen, steigende Ticketpreise oder unpassende Partnerschaften. Funktionäre betrachten solche Schritte oft als strategisch unverzichtbar, Fans als Bruch mit dem Fundament. Gleichwohl zeigt sich: Marktlogik kann Authentizität sichern, wenn sie als Ermöglichungsgrundlage verstanden wird. Sponsoren, die zur Identität passen, sozial durchlässige Ticketmodelle oder stadionkulturelle Räume verbinden ökonomische Notwendigkeit mit Authentizität.

Governance vs. Partizipation
Die zweite Achse betrifft das Verhältnis zwischen Steuerung und Mitbestimmung. Projekte wie die Su- per League oder der gescheiterte DFL-Investoreneinstieg verdeutlichen, dass rein kapitalgetriebene Entscheidungen an Legitimität scheitern.

Für Fans bedeutet Fußball Zugehörigkeit und Identifikation, nicht bloß Konsum. Werden ihre Interessen übergangen, artikuliert sich Widerstand. Das zentrale Problem liegt jedoch weniger im Fehlen neuer Partizipationsformate, sondern in einer fehlenden oder widersprüchlichen Kommunikation. Wenn Entscheidungen in bestehenden Gremien klar verankert, transparent erläutert und an die Fanbasis vermittelt werden, entsteht Vertrauen. Transparente Kommunikation ist damit der Schlüssel: Sie ermöglicht Rückkopplung, schützt vor medialer Dramatisierung und mindert das Risiko massiver Gegenreaktionen. Zukunftsfähigkeit erfordert daher nicht die bloße Ausweitung partizipativer Strukturen, sondern eine konsequente, nachvollziehbare Vermittlung von Entscheidungsprozessen in die bestehenden Kanäle und Institutionen.

Globalisierung vs. lokale Verwurzelung
Die dritte Konfliktlinie liegt in der Spannung zwischen internationaler Expansion und lokaler Identität. Einerseits sind Reichweite und neue Märkte nötig, um Sponsoren und Zielgruppen zu erschließen. Andererseits bleibt die kulturelle Stärke des Fußballs untrennbar mit seiner lokalen Verwurzelung verbunden: Stadien als „Zuhause", Vereinsfarben als Zeichen, regionale Traditionen als Identitätsanker. Entfremdung droht, wenn Globalisierung zur Uniformierung führt und Clubs zu austauschbaren Bestandteilen globaler Portfolios werden. Hier sind die Verbände in der Pflicht: Ohne klare Regeln zu Financial Fairplay, nachhaltigen Investitionen oder Mitgliederrechten wächst das Risiko, dass internationale Kapitalinteressen lokale Identität verdrängen. Besonders die UEFA kommt dabei eine Schlüsselrolle zu – sie ist das starke europäische Gegengewicht, das durch Regulierung und Kontrolle die Balance zwischen globaler Dynamik und kultureller Verwurzelung sichern muss. Globale Reichweite kann kulturelle Eigenart nur dann stärken, wenn sie glaubwürdig übersetzt und durch verbindliche Leitplanken seitens der Verbände abgesichert wird.

Diese Konfliktlinien markieren die neuralgischen Punkte der Fußballentwicklung. Entscheidend ist nicht, ob Markt, Governance oder Globalisierung akzeptiert werden, sondern ob sie mit Authentizität, Partizipation und lokaler Identität in Einklang gebracht werden. In dieser Balance entscheidet sich, ob Fußball mehr bleibt als Unterhaltungsindustrie – nämlich ein kulturell verankertes, gesellschaftlich relevantes und ökonomisch tragfähiges System.

2.5.3 Bedingungen für Zukunftsfähigkeit

Die Zukunftsfähigkeit des Fußballs entscheidet sich nicht daran, ob er sich vollständig der Marktlogik unterwirft oder nostalgisch an Traditionen festhält. Einseitige Lösungen greifen zu kurz: Authentizität braucht ökonomische Basis, ökonomische Strukturen verlieren ohne Authentizität und Legitimität ihre Stabilität. Zukunftsfähigkeit bedeutet daher Balance – kein „Entweder-oder", sondern ein „Sowohl-als-auch". Gegensätze müssen so gestaltet werden, dass sie sich gegenseitig stützen.

Ein erster zentraler Faktor ist die Legitimität. Fußball besitzt enorme Sichtbarkeit und ist damit nicht nur ökonomisches, sondern auch kulturelles und politisches Gut. Entscheidungen wie Investorenmodelle, Stadionumbauten oder Wettbewerbsreformen müssen deshalb an gesellschaftlicher Akzeptanz gemessen werden. Legitimität entsteht, wenn Prozesse transparent, inklusiv und kulturell verankert sind. Vorgehen „über die Köpfe hinweg" führt fast zwangsläufig zu Widerständen – sichtbar in den Protesten gegen Super League 2021 oder den DFL-Investor 2023/24. Umgekehrt zeigt die Praxis, dass partizipativ vorbereitete Entscheidungen selbst in kritischen Fragen Zustimmung finden können.

Ein weiterer zentraler Faktor ist die Wertebindung. Vereine und Verbände können ihre Identität nicht beliebig verändern, ohne Glaubwürdigkeit zu riskieren. Werte sind dynamische Orientierungen, die neu gewichtet werden müssen. Werden ökonomische Maßnahmen – Sponsoring, Ticketstrategien oder Internationalisierung – an Clubwerte rückgekoppelt, erhalten sie Akzeptanz; stehen sie im offenen Widerspruch, wirken sie entfremdend. Wertebindung bedeutet also nicht Stillstand, sondern reflektierte Weiterentwicklung.

Auch Transparenz ist entscheidend. In einer Mediengesellschaft hängt Vertrauen davon ab, wie nach- vollziehbar Prozesse sind. Innovationen in Datenanalyse, Digitalisierung oder Nachhaltigkeit wirken nur, wenn Ziele und Konsequenzen offen kommuniziert werden. Intransparenz nährt Misstrauen, Transparenz eröffnet Räume für gemeinsame Gestaltung und wird so zu einem Governance-Prinzip.

Besonders wichtig ist Partizipation. Fans und Mitglieder sind keine Konsumenten, sondern Träger von Identität. Ihre Einbindung ist demokratische Notwendigkeit – sei es durch Mitgliederabstimmungen, Fanräte oder transparente Konsultationen. Partizipation darf nicht symbolisch bleiben, sondern muss echte Mitgestaltung ermöglichen. Gleichzeitig bedeutet sie nicht, dass jedes Projekt durch Verweigerung blockiert werden kann. Entscheidend ist, dass Clubs ihre Fanbasis frühzeitig mitnehmen, Hintergründe nachvollziehbar aufzeigen und so Akzeptanz schaffen. Partizipation wirkt damit doppelt: Sie erhöht Legitimität und Bindung, stärkt die Bereitschaft, ökonomische Maßnahmen mitzutragen, und schützt langfristig vor Konflikten, weil Aufklärung und Transparenz Widerständen vorbeugen.

Schließlich braucht es glaubwürdige Markenführung. Im globalen Wettbewerb reicht kurzfristiger Gewinn nicht. Nur wer Geschichte, Werte und Identität konsistent kommuniziert, kann Vertrauen und Loyalität sichern. Markenführung ist damit mehr als Ökonomie: Sie verbindet kulturelle, gesellschaftliche und wirtschaftliche Dimensionen.

Zusammenfassend zeigt sich: Zukunftsfähigkeit ergibt sich nicht allein aus Kapitalstärke oder Techno- logie, sondern aus der Fähigkeit, Spannungen auszubalancieren. Legitimität, Wertebindung, Transparenz, Partizipation und Markenführung sind die Bedingungen, unter denen Reformen Akzeptanz finden und ökonomische Logiken mit kultureller Authentizität verbunden werden. In dieser Balance liegt die Chance, dass Fußball nicht nur Unterhaltungsindustrie bleibt, sondern kulturell verankertes, gesellschaftlich relevantes und zugleich zukunftsfähiges System.

Im Ergebnis zeigt sich der Profifußball als Spannungsfeld, das weder durch eindimensionale Strategien noch durch Rückkehr zu vermeintlich „reinen" Zuständen zu stabilisieren ist. Seine Zukunftsfähigkeit hängt vielmehr von der Fähigkeit ab, Authentizität, ökonomische Dynamik und gesellschaftliche Legitimität immer wieder neu in Balance zu bringen. Transparenz, Wertebindung und die glaubwürdige Einbindung von Fans und Mitgliedern sind dabei ebenso unverzichtbar wie klare regulatorische Rahmenbedingungen durch nationale und europäische Verbände. Der Fußball wird so zu einem lernenden System, das Widersprüche nicht vermeiden, sondern produktiv nutzen muss – als kulturell verankertes, ökonomisch tragfähiges und gesellschaftlich relevantes Feld, dessen Gestaltung weit über den Sport hinausweist.

Fazit und Ausblick 3

Widersprüchlichkeit ist kein Mangel, sondern der zentrale Motor seiner Entwicklung: Tradition und Innovation, Authentizität und Marktlogik, lokale Verwurzelung und globale Expansion, Governance und Kommunikation sind keine starren Gegensätze, sondern wirken fortlaufend im Wechsel miteinander. Zukunftsfähigkeit entsteht nicht durch die Eliminierung dieser Spannungen, sondern durch ihre produktive Balance. Genau darin liegt der Mehrwert für alle, die im Fußball Verantwortung tragen – und zugleich die Chance, aus dem Fußball heraus Lehren für gesellschaftliche Transformationsprozesse zu ziehen.

Für Fans bedeutet dies, ihre Rolle als aktive Identitätsträger und kritisches Korrektiv bewusst wahrzunehmen. Sie sind keine Konsumenten, sondern Träger von Kultur und Gemeinschaft. Ihre Stärke entfaltet sich dann, wenn Engagement, Protest und Mitgestaltung nicht in reiner Ablehnung münden, sondern in klarem Verständnis des herrschenden Fußballsystems, konstruktives Feedback und aktive Beteiligung über bestehende Strukturen. Auf diese Weise können Fans langfristig mitwirken, dass Vereine glaubwürdig bleiben, ohne Entwicklungen prinzipiell zu blockieren.

Für Funktionäre in den Vereinen eröffnet sich ein doppelter Auftrag: Einerseits müssen sie ökonomische Notwendigkeiten erkennen und gestalten, andererseits Werte, Tradition und Identität als Orientierungspunkte sichern. Dies gelingt, wenn Sponsoring-Entscheidungen, Ticketmodelle oder Investorenbeteiligungen nicht isoliert getroffen, sondern kommuniziert, begründet und kulturell rückgekoppelt werden. Führung im Fußball bedeutet nicht, Spannungen aufzulösen, sondern sie transparent und nachvollziehbar zu moderieren. Nur so entsteht Vertrauen, das in Zeiten wachsender Komplexität entscheidend ist.

N. Fink, *Tradition, Moderne und Kommerz im Profifußball*, essentials,
https://doi.org/10.1007/978-3-658-50098-6_3

Die Ligen stehen in besonderer Verantwortung, Strukturen zu schaffen, die ökonomische Wettbewerbsfähigkeit sichern, ohne kulturelle Substanz preiszugeben. Ihre Aufgabe ist es, Formate und Wettbewerbe so zu gestalten, dass sie global anschlussfähig bleiben und zugleich lokal verankert sind. Hier zeigt sich, dass Professionalisierung und Internationalisierung nur dann Akzeptanz finden, wenn sie kulturell und kommunikativ eingebettet werden und nicht als Bruch mit dem Vertrauten erlebt werden.

Von zentraler Bedeutung sind jedoch die Verbände. Sie tragen die Hauptverantwortung, das System vor sich selbst zu schützen: Indem sie die Logik permanenter Rattenrennen eindämmen, Ausgleichsmechanismen zwischen Clubs und Ligen schaffen und Wettbewerbe so strukturieren, dass ökonomische Dynamik nicht in destruktive Übertreibung umschlägt. Die UEFA ist dabei das notwendige europäische Gegengewicht, das durch Financial Fairplay, Regulierung von Multiclub Ownership und faire Verteilungsmechanismen Glaubwürdigkeit und Chancengleichheit sichert. Auch die nationalen Verbände müssen ihre Rolle als Korrektiv aktiv wahrnehmen, um Übertreibungen zu begrenzen, Strukturen zu stabilisieren und nachhaltige Entwicklung zu ermöglichen.

Übergreifend wird deutlich: Die zentrale Ressource bleibt Authentizität. Sie ist kein nostalgischer Rest, sondern ein aktives Steuerungsprinzip, das ökonomische Strategien erdet, Bindung stiftet und Marken Glaubwürdigkeit verleiht. Zukunftsfähigkeit entsteht, wenn Authentizität nicht als Gegenpol zur Ökonomie verstanden wird, sondern als Rahmen, in dem ökonomische Dynamiken überhaupt tragfähig werden.

Für alle Akteure im Fußball – Fans, Funktionäre, Ligen und Verbände – ergibt sich daraus ein klarer Handlungsauftrag: Zukunftsfähigkeit verlangt stringente Kommunikation, klare Wertebindung, transparente Prozesse und die Fähigkeit, Spannungen als Ressource und nicht als Gefahr zu begreifen. Wenn diese Logik konsequent verfolgt wird, kann der Fußball zum State of the Art im Umgang mit gesellschaftlichen Transformationen werden.

Damit zeigt sich der Fußball nicht nur als Spiegel gesellschaftlicher Widersprüche, sondern als Lernlabor moderner Gesellschaften. Seine Stärke liegt darin, dass er Transformationen sichtbar, verhandelbar und gestaltbar macht – auf den Rängen wie in den Gremien, in Vereinen ebenso wie in internationalen Organisationen. Zukunftsfähigkeit bedeutet daher nicht, Konflikte zu vermeiden, sondern sie in tragfähige Strukturen zu überführen. Gelingt dies, bleibt der Fußball ein kulturell tief verankertes, gesellschaftlich relevantes und ökonomisch belastbares System – und erweist sich zugleich als Modell, von dem auch andere gesellschaftliche Felder lernen können.

Was Sie aus diesem essential mitnehmen können

- Zukunftsfähigkeit im Fußball bedeutet, Spannungen nicht aufzulösen, sondern produktiv auszubalancieren.
- Fans sind keine Konsumenten, sondern Identitätsträger, deren konstruktive Mitgestaltung Akzeptanz und Bindung stärkt.
- Vereine und Funktionäre sichern ihre Glaubwürdigkeit, wenn sie ökonomische Entscheidungen transparent kommunizieren und konsequent an Werten rückkoppeln.
- Ligen und insbesondere Verbände – allen voran die UEFA – tragen Verantwortung, durch Regulierung Ausgleich zu schaffen und Rattenrennen einzudämmen.
- Authentizität bleibt die zentrale Ressource, um ökonomische Strategien zu erden, Marken Glaubwürdigkeit zu verleihen und den Fußball kulturell tief verankert und zugleich zukunftsfähig zu gestalten.

Literatur

Abels, H. (2019). Identität. In *Einführung in die Soziologie: Band 2: Die Individuen in ihrer Gesellschaft* (S. 323–389). Springer Fachmedien Wiesbaden. https://doi.org/10.1007/978-3-658-22476-9_9

Adolf, M. (2015). Individualisierung. In A. Hepp, F. Krotz, S. Lingenberg, & J. Wimmer (Eds.), *Handbuch Cultural Studies und Medienanalyse* (pp. 407–415). Springer Fachmedien Wiesbaden. https://doi.org/10.1007/978-3-531-19021-1_42

Baade, R. A., & Matheson, V. A. (2012). An Evaluation of the Economic Impact of National Football League Mega-Events. In K. G. Quinn (Hrsg.), *The Economics of the National Football League: The State of the Art* (S. 243–258). Springer New York. https://doi.org/10.1007/978-1-4419-6290-4_14

BDFL. (o.J.). *Ausbildungsidee und Entwicklung junger Spieler beim SC Freiburg*. https://www.bdfl.de/news/aktuelles/879-ausbildungsidee-und-entwicklung-junger-spieler-beim-sc-freiburg.html#:~:text=Eine%20Besonderheit%3A%20In%20der%20Saison,wichti-ger%20als%20nur%20zu%20wissen.

Beck, H., Prinz, A., & van der Burg, T. (2025). The league system, competitive balance, and the future of European football. *Managing Sport and Leisure, 30*(1), 21–44. https://doi.org/10.1080/23750472.2022.2137056

Bednarsky, A., Lippert, C., Wagner, G., Lazar, M., & Rödl, J. (2017). Das Spiel zwischen Lust und Mone- ten – Kommerzialisierung im Fußball. In J. and S. F. Schneider André and Köhler (Hrsg.), *Fanver- halten im Sport: Phänomene, Herausforderungen und Perspektiven* (S. 183–203). Springer Fach- medien Wiesbaden. https://doi.org/10.1007/978-3-658-15900-9_10

Bluhm, U. (o.J.). *Ein Leben für den Fußball – Die deutsche Fan-Kultur*. https://www.soccerdrills.de/magazin/profifussball/artikel/ein-leben-fuer-den-fussball-die-deutsche-fan-kultur/.

Brands, J., & Kochanek, T. (2014). „Fankultur bei Schalke 04" – Einführendes Fallbeispiel. In W. Jene- wein, M. Heidbrink, & F. Heuschele (Hrsg.), *Begeisterte Mitarbeiter. Wie Unternehmen ihre Mit- arbeiter zu Fans machen* (S. 17–52). Schäffer-Poeschel.

Breaking The Lines. (2021, September 29). *St. Pauli – Culture, Politics, and Pirates*. https://brea-kingthelines.com/historical/st-pauli-culture-politics-and-pirates/.

Bühler, A., & Scheuermann, T. (2014). Kult, Tradition, Champions, lokale Helden und Retorte – Eine empirische Markenklassifizierung im Sport. In F. and S. H. and K. T. Preuß Holger and Huber (Hrsg.), *Marken und Sport: Aktuelle Aspekte der Markenführung im Sport und mit Sport* (S. 125–143). Springer Fachmedien Wiesbaden. https://doi.org/10.1007/978-3-8349-3695-0_7

Bundesliga.com. (o.J.). *Explaining the Bundesliga's 50+1 rule.* https://www.bundes-liga.com/en/faq/what-are-the-rules-and-regulations-of-soccer/50-1-fifty-plus-one-german-foot-ball-soccer-rule-explained-ownership-22832.

Bundesliga.com. (2024, Mai 16). *St. Pauli: German football's cult club explained.* https://www.bun-desliga.com/en/bundesliga/news/st-pauli-hamburg-cult-club-explained-hurzeler-promotion-reeperbahn-millerntor-1471.

Burmann, C., & Blinda, L. (2004). Identitätsbasiertes Markenmanagement. In B. W. Wirtz & O. Gött- gens (Hrsg.), *Integriertes Marken- und Kundenwertmanagement: Strategien, Konzepte und Best Practices* (S. 209–230). Gabler Verlag. https://doi.org/10.1007/978-3-322-87030-8_9

Burmann, C., Ulbricht, A. M., & Schade, M. (2013). Identitätsbasierte Markenführung im Sport – Her- ausforderung Brand Delivery. In H. Preuß, F. Huber, H. Schunk, & T. Könecke (Hrsg.), *Marken und Sport: Aktuelle Aspekte der Markenführung im Sport und mit Sport* (S. 93–105). Springer Fachmedien .

City Football Group. (o.J.). *The World´s first truly global Organisation.* https://www.cityfootball-group.com/company.

Czoch, P. (2013). Kommerzialisierung als Motor fankultureller Oppositionsbildung. In H. Lange (Hrsg.), *Fans, Fußball & Leidenschaft. 15 Positionsbestimmungen zu den Hintergründen, Problemen und Entwicklungsprognosen unserer Fankultur.* Springer.

Damm, T. (2008). *Sportberichterstattung und Sportrechte.* Igel Verlag.

DBK. 2021. "Durchschnittliche Anzahl Der Katholischen Gottesdienstbesucher in Deutschland von 1950 Bis 2020."

DFL. (2018, Juli 18). *Fragen und Antworten zur 50+1-Regel.* https://www.dfl.de/de/aktuelles/fragen-und-antworten-zur-50-plus-1-regel/.

DFL. (2024, August 20). *DFL und RB Leipzig testen während USA-Clubtour innovative Kameratechnolo- gien.* https://www.dfl.de/de/innovation/dfl-und-rb-leipzig-testen-in-den-usa-innovative-kame-ratechnologien/.

Diegel, M., Schade, M., & Burmann, C. (2019). Führung von Sportvereinsmarken aus identitätsbasier- ter Markenmanagementperspektive. In S. Walzel & V. Römisch (Hrsg.), *Teamsport Manage- ment: Eine umfassende und interdisziplinäre Betrachtung* (S. 171–190). Springer Fachmedien Wiesbaden. https://doi.org/10.1007/978-3-658-23045-6_9

Dimbath, O., Sebald, G., & Berek, M. (2023). Kollektive Identität. In G. Sebald, M. Berek, K. Chmelar, O. Dimbath, H. Haag, M. Heinlein, N. Leonhard, & V. Rauer (Hrsg.), *Handbuch Sozialwissen- schaftliche Gedächtnisforschung : Band 1: A–L* (S. 493–507). Springer Fachmedien Wiesbaden. https://doi.org/10.1007/978-3-658-26587-8_146

Duttler, G. (2014). Ultras: Der kreative Protest aktiver Fans gegen Kommerzialisierungsprozesse im Fußball. In Vera Cuntz-Leng (Hrsg.), *Creative Crowds. Perspektiven der Fanforschung im deutsch- sprachigen Raum* (S. 364–382). Büchner.

Erberich, M. (2017, März 17). *Aus Fans wurden Kunden.* https://www.zeit.de/sport/2017-03/fc-arse-nal-champions-league-fc-bayern-england-fans-stimmung/seite-2.

EKD. 2021. "Anzahl Der Mitglieder Der Evangelischen Kirche in Deutschland von 2003 Bis 2020." in Gezählt 2021. Zahlen und Fakten zum kirchlichen Leben. https://www.ekd.de/ekd_de/ds_doc/Gezaehlt_zahlen_und_fakten_2021.pdf.

Erberich, M. (2021, April 19). *Aus Protest wird Party auf Englands Straßen gemacht.* https://www.faz.net/aktuell/sport/fussball/das-ende-der-super-league-aus-protest-wird-party-in-england-17305294.html.

Faix, A., Lammert, J., Geilen, N., & Kopfer, L. (2020). *Kommerzialisierung, Spannung und Fannähe. Ein Stimmungsbild der Bundesliga-Fans im Herbst 2020.* https://doi.org/10.13140/RG.2.2.10316.03200

Fink, N. (2025a). Die Bedeutung der Fußballkompetenz und Fußballexpertise bei Fußball-funktionären In N. Fink (Hrsg.), *Fußballkompetenz und Fußballexpertise im modernen Fußball: Eine umfas- sende Analyse der Akteure, ihrer Fähigkeiten und deren Interaktionen* (S. 429–544). Springer Berlin Heidelberg. https://doi.org/10.1007/978-3-662-70664-0_5.

Fink, N. (2025b). Die Bedeutung von Fußballkompetenz und Fußballexpertise in Bezug auf Fußball- journalisten. In N. Fink (Hrsg.), *Fußballkompetenz und Fußballexpertise im modernen Fußball: Eine umfassende Analyse der Akteure, ihrer Fähigkeiten und deren Interaktionen* (S. 545–644). Springer Berlin Heidelberg. https://doi.org/10.1007/978-3-662-70664-0_6

Fink, N. (2025c). Die Bedeutung von Fußballkompetenz und Fußballexpertise sowie Fan-kompetenz und Fanexpertise bei Fans und Zuschauern. In N. Fink (Hrsg.), *Fußballkompetenz und Fußballex- pertise im modernen Fußball: Eine umfassende Analyse der Akteure, ihrer Fähigkeiten und deren Interaktionen* (S. 645–751). Springer Berlin Heidelberg. https://doi.org/10.1007/978-3-662-70664-0_7

Fink, N. (2026a). Fanidentität und -kultur – Die emotionale Verbindung zum Verein. In N. Fink (Hrsg.), *Profifußballclubs führen und gestalten. Identität – Philosophie – Kultur – Strategie: Ein ganzheit- liches Managementmodell.* Springer Gabler.

Fink, N. (2026b). Fans – Die treibende Kraft des Vereins. In N. Fink (Hrsg.), *Profifußballclubs führen und gestalten. Identität – Philosophie – Kultur – Strategie: Ein ganzheitliches Managementmo- dell.* Springer Gabler.

Fink, N. (2026c). Identität – Der Kern eines Fußballclubs. In N. Fink (Hrsg.), *Profifußballclubs führen und gestalten. Identität – Philosophie – Kultur – Strategie: Ein ganzheitliches Managementmo- dell.* Springer Gabler.

Fink, N. (2026d). Management – Führung, Strategie und Identitätsentwicklung. In N. Fink (Hrsg.), *Pro- fifußballclubs führen und gestalten. Identität – Philosophie – Kultur – Strategie: Ein ganzheitli- ches Managementmodell.* Springer Gabler.

Fink, N. (2026e). Markenidentität und -image – Fußballclubs als starke Marken . In *Profifuß- ballclubs führen und gestalten. Identität – Philosophie – Kultur – Strategie: Ein ganzheit- liches Manage- mentmodell.* Springer Gabler.

Fink, N. (2026f). Spieler: Identitätsträger und Leistungsfaktor. In N. Fink (Hrsg.), *Profifuß- ballclubs füh- ren und gestalten. Identität – Philosophie – Kultur – Strategie: Ein ganz- heitliches Management- modell.* Springer Gabler.

Fink, N. (2026g). Werte – Der moralische Kompass des Clubs. In N. Fink (Hrsg.), *Profifuß- ballclubs füh- ren und gestalten. Identität – Philosophie – Kultur – Strategie: Ein ganz- heitliches Management- modell.* Springer Gabler.

focus.de. (2022, Mai 31). *Dank virtuellem Stadion will ManCity künftig unendlich viele Ti- ckets verkau- fen.* https://www.focus.de/sport/fussball/premierleague/digitalisierung-im-

profisport-dank-virtuellem-stadion-will-mancity-kuenftig-unendlich-viele-tickets-
verkaufen_id_107933932.html.
Focus.de. (2025, April 14). *Börse oder neuer Investor? Das sagt der Bayern-Präsident*. https://
www.focus.de/finanzen/boerse/allianz-adidas-und-audi-mit-je-8-33-prozent-beteiligt-
boerse-oder-neuer-investor-das-sagt-der-bayern-praesident_73c4fed7-36ce-4516-
996e- f838788e9ee8.html.
Friedrich, M. J., Friedrich, S., & Hierl, L. (2023). Einleitung. In M. J. Friedrich, S. Friedrich,
& L. Hierl (Hrsg.), *Kommerzialisierung des Fußballs vom Amateursport bis zur Super
League: Mit Geleitwort von Fredi Bobic und Interview mit Martin Kind* (S. 1–3). Springer Fachmedien Wiesba- den. https://doi.org/10.1007/978-3-658-40630-1_1
Fritz, G. (2019). Fan-Phänomen. In G. Fritz (Hrsg.), *Fanclubs der Nationalmannschaften im
deutschen Teamsport: Value Co-Creation zwischen Kommerzialisierung und Fankultur*
(S. 13–92). Springer Fachmedien Wiesbaden. https://doi.org/10.1007/978-3-658-24487-3_2
Gans, P., & Horn, M. (2023). Die identitätsstiftende Wirkung von Sportstätten und Sportver-
einen – der Hockenheimring und der 1. Fußballclub Kaiserslautern. In M. and Z. C. Gans Paul
and Horn (Hrsg.), *Sportgeographie: Ökologische, ökonomische und soziale Perspektiven*
(S. 305–320). Springer Berlin Heidelberg. https://doi.org/10.1007/978-3-662-66634-0_18
Giddens, Anthony. 1991. Modernity and Self-Identity. Oxford, England: Polity Press.
Gukenbiehl, H. L. (1992). Tradition. In B. Schäfers (Hrsg.), *Grundbegriffe der Soziologie* (S. 343–345). VS Verlag für Sozialwissenschaften. https://doi.org/10.1007/978-
3-663-14856-2_125.
Haupt, T., & Herberth, C. (2017). Fan-Kommunikation 3.0: Neue und innovative Möglich-
keiten der Fan-Kommunikation im Zeitalter der digitalen Medien. In A. Schneider,
J. Köhler, & F. Schumann (Hrsg.), *Fanverhalten im Sport: Phänomene, Herausforderungen und Perspektiven* (S. 159–173). Springer Fachmedien Wiesbaden. https://
doi.org/10.1007/978-3-658-15900-9_8
Heinilä, K. (1973). Sport und Professionalisierung. In O. Grupe, D. Kurz, & J. M. Teipel
(Hrsg.), *Sport in unserer Welt — Chancen und Probleme* (S. 383–390). Springer Berlin
Heidelberg.
Kicker. (2024, August 21). *Der Fußball-TV-Plan 2024/25: Wer was live zeigt und was es kos-
tet*. https://www.kicker.de/der-fussball-tv-plan-2024-25-wer-was-live-zeigt-und-was-es-
kostet-865447/artikel.
Kicker. (2025, August 23). *Wie der VAR Badstübner in München rettete – ohne es zu dürfen*.
https://www.kicker.de/wie-der-var-badstuebner-in-muenchen-rettete-ohne-es-zu-
duerfen-1140194/artikel.
Klinkhammer, G. (2000). Tradition. In C. Auffarth, J. Bernard, H. Mohr, A. Imhof, &
S. Kurre (Hrsg.), *Metzler Lexikon Religion: Gegenwart — Alltag — Medien Band 3:
Paganismus — Zombie* (S. 519–521). J.B. Metzler. https://doi.org/10.1007/978-3-
476-03704-6_146
Liebsch, K. (2022). Identität. In R. Gugutzer, G. Klein, & M. Meuser (Hrsg.), *Handbuch
Körpersoziologie 1: Grundbegriffe und theoretische Perspektiven* (S. 53–57). Springer
Fachmedien Wiesbaden. https://doi.org/10.1007/978-3-658-33300-3_9
Memmert, D. (2024). Metriken im Fußball. In D. Memmert (Hrsg.), *Sporttechnologie:
Technologien, Anwendungsfelder, Sportgeräte und Materialien für den Sport* (S. 213–219).
Springer Berlin Hei- delberg. https://doi.org/10.1007/978-3-662-68128-2_21
Memmert, D., & Raabe, D. (2017). *Revolution im Profifußball*. Springer-Verlag GmbH .

Memmert, D., & Raabe, D. (2019). Der Weg an die Spitze. In D. Memmert & D. Raabe (Hrsg.), *Revolu- tion im Profifußball: Mit Big Data zur Spielanalyse 4.0* (S. 99–107). Springer Berlin Heidelberg. https://doi.org/10.1007/978-3-662-59218-2_9

Memmert Daniel, & Raabe, D. (2019a). Datensammeln in der Bundesliga. In *Revolution im Profifuß- ball: Mit Big Data zur Spielanalyse 4.0* (S. 47–53). Springer Berlin Heidelberg. https://doi.org/10.1007/978-3-662-59218-2_4

Memmert Daniel, & Raabe, D. (2019b). Taktikforschung am Pool. In *Revolution im Profifußball: Mit Big Data zur Spielanalyse 4.0* (S. 195–201). Springer Berlin Heidelberg. https://doi.org/10.1007/978-3-662-59218-2_19

Pickering, M. (1997). Structures of Feeling and Traces of Time. In M. Pickering (Ed.), *History, Experience and Cultural Studies* (pp. 23–53). Macmillan Education UK. https://doi.org/10.1007/978-1-349-25951-9_2

Piskurek, C. (2024). Fußball-Fankulturen und ihre Gefühlsstrukturen. In C. Piskurek (Hrsg.), *Football Fiction: Fiktive Darstellungen des englischen Fußballs und seiner Fans nach 1990* (S. 65–92). Springer International Publishing. https://doi.org/10.1007/978-3-031-51203-2_3

Raecke, D. (2017, August 12). *Was England der Bundesliga voraus hat.* https://www.spiegel.de/sport/fussball/premier-league-25-jahre-erfolgsgeschichte-stellen-bundesliga-in-den-schatten-a-1162499.html.

RB Live. (2017, Januar 21). *Nächste Markenstudie: RB Leipzig innovativ, ambitioniert und immer be- liebter.* https://rblive.de/news/naechste-markenstudie-rb-leipzig-innovativ-ambitioniert-und-immer-beliebter-3296194.

Redaktionsnetzwerk Deutschland. (2025, Februar 22). *Investoren und Multi Club Ownership: Warum Red Bull Teil eines Trends im Fußball ist.* https://www.rnd.de/sport/investoren-und-multi-club-ownership-warum-red-bull-teil-eines-trends-im-fussball-ist-QEYHQMOZNNCZ5C2EHDS-MWYMCLI.html.

Renn, J. (2010). Reflexive Moderne und ambivalente Existentialität – Anthony Giddens als Identitäts- Theoretiker. In B. Jörissen & J. Zirfas (Hrsg.), *Schlüsselwerke der Identitätsforschung* (S. 203–221). VS Verlag für Sozialwissenschaften. https://doi.org/10.1007/978-3-531-92196-9_12

Renz, M. (2020). Zusammenfassung und Ausblick. In M. Renz (Hrsg.), *Internationaler Wettbewerb eu- ropäischer Profifußballligen: Ökonomisch-rechtliche Analyse der Wettbewerbskonzentration und Ligenstrukturen* (S. 337–343). Springer Fachmedien Wiesbaden. https://doi.org/10.1007/978-3-658-29120-4_5

Reuters. (2025a, Januar 22). *English Football League bolsters Green Club sustainability scheme.* https://www.reuters.com/sports/soccer/english-football-league-bolsters-green-club-sustainabi-lity-scheme-2025-01-22/?utm_source=chatgpt.com.

Reuters. (2025b, Juli 30). *Burnley offer virtual reality seat for fans.* https://www.reuters.com/sports/soccer/burnley-offer-virtual-reality-seat-fans-2025-07-30/.

Ricoeur, P. (1996). *Das Selbst als ein Anderer* (1996. Aufl.). Verlag Wilhelm Fink.

Roose, J., & Schäfer, M. S. (2017). Fans und Partizipation. In *Fans* (S. 319–342). Springer Fachmedien Wiesbaden. https://doi.org/10.1007/978-3-658-17520-7_15

Schweizer, G., Schneider, J., & Plessner, H. (2024). Videobasiertes Entscheidungstraining für Schieds- richter*innen in unterschiedlichen Sportarten. In D. Memmert (Hrsg.), *Digitalisierung und Inno- vation im Sport und in der Sportwissenschaft: Handbuch Sport und Sportwissenschaft* (S. 1–24). Springer Berlin Heidelberg. https://doi.org/10.1007/978-3-662-68241-8_21-1

Sportbuzzer. (2023, Juli 6). *DAZN, Sky und Co. – so teuer wird die Fußballsaison 2023/2024 im TV*. https://www.sportbuzzer.de/fussball/bundesliga/dazn-sky-und-co-so-teuer-wird-die-fussball-saison-20232024-im-tv-YPLOSDV4YRGUJPAPNUK5RUMOAI.html.

Sport-Club Freiburg e.V. (2022). *Die Idee vom Ausbildungsverein*. https://www.scfreiburg.com/fuss-ballschule/fussballschule/idee-konzept/.

Sportschau. (2023, Juli 3). *Die Premier League und ihre Investoren*. https://www.tagesschau.de/wirt-schaft/finanzen/premier-league-investoren-101.html.

Süddeutsche Zeitung. (2023, Oktober 9). *DFL: Fußball muss attraktiv und wettbewerbsfähig bleiben*. https://www.sueddeutsche.de/sport/deutsche-fussball-liga-dfl-fussball-muss-attraktiv-und-wettbewerbsfaehig-bleiben-dpa.urn-newsml-dpa-com-20090101-231009-99-500990.

Teichmann, K. (Hrsg.). (2007). Ziele und strategische Entscheidungen von Fußballunternehmen. In *Strategie und Erfolg von Fußballunternehmen* (S. 43–187). DUV. https://doi.org/10.1007/978-3-8350-9503-8_3

Tham, T. (2008). Einführung eines stakeholderorientierten Leitbildes im Fußball. In O. Klante (Hrsg.), *Aktuelle Perspektiven des Marketingmanagements: Reflektionen aus den Bereichen Holistic Branding, Media Management und Sustainability Marketing* (S. 61–74). Gabler. https://doi.org/10.1007/978-3-8349-9834-7_4

Transfermarkt.de. (2022, Mai 25). *Boehly, Bin Salman & Co.: Die Besitzer der 20 Premier League Clubs*. https://www.transfermarkt.de/boehly-bin-salman-amp-co-die-besitzer-der-20-premier-league-klubs/index/galerie/5387?page=21.

Transfermarkt.de. (2024, Februar 27). *Investoren-Deal in Spanien: Real Madrid und Athletic Bilbao verlieren vor Gericht vs. LaLiga*. https://www.transfermarkt.de/investoren-deal-in-spanien-real-madrid-und-athletic-bilbao-verlieren-vor-gericht-vs-laliga/view/news/434390.

Unkrig, E. R. (2023). Werte. In *Die werteorientierte (Führungs-)Persönlichkeit: Rückgrat zeigen und Orientierung geben* (S. 13–28). Springer Fachmedien Wiesbaden. https://doi.org/10.1007/978-3-658-42402-2_2

WAZ. (2014, Februar 19). *Schalke-Fans können mit Foto auf Trikot-Rücken erscheinen*. https://www.waz.de/sport/fussball/s04/article9015102/schalke-fans-koennen-mit-foto-auf-trikot-ruecken-erscheinen.html.

Weiland, M. (2019). Paul Ricœurs Konzept der narrativen Identität und seine Bedeutung für die Philo- sophische und literarische Anthropologie – am Beispiel der New York Trilogy. In *Mensch und Er- zählung: Helmuth Plessner, Paul Ricœur und die literarische Anthropologie* (S. 185–239). J.B. Metzler. https://doi.org/10.1007/978-3-476-04903-2_5

Welt. (2020, Oktober 20). *So entstand der berühmte Slogan des FC Bayern*. https://www.welt.de/sport/fussball/article218205050/Mia-san-mia-So-entstand-der-beruehmte-Slogan-des-FC-Bayern.html.

Winter, R. (2017). Fans und kulturelle Praxis. In M. S. and S.-L. T. Roose Jochen and Schäfer (Hrsg.), *Fans: Soziologische Perspektiven* (S. 141–160). Springer Fachmedien Wiesbaden. https://doi.org/10.1007/978-3-658-17520-7_7

ZDF.de. (2024, Februar 21). *Nach Fan-Protesten: Aus für Investoren-Deal*. https://www.zdf.de/nach-richten/sport/fussball-dfl-bundesliga-investoren-deal-geplatzt-100.html.

Zeit Online. (2022, Mai 21). *RB-Leipzig-Kritik für Anfänger*. https://www.zeit.de/sport/2022-05/rb-leipzig-kritik-konstrukt.

MIX
Papier aus verantwortungsvollen Quellen
Paper from responsible sources
FSC® C105338

If you have any concerns about our products,
you can contact us on
ProductSafety@springernature.com

In case Publisher is established outside the EU,
the EU authorized representative is:
Springer Nature Customer Service Center GmbH
Europaplatz 3, 69115 Heidelberg, Germany

Printed by Libri Plureos GmbH
in Hamburg, Germany